ラブコールさかい
女に議員はムリですか？

境町初の女性議員の体験をあなたにつなぐ

内海和子【著】

梨の木舎

境　町
横塚
志鳥
静村地区
稲尾
塚崎
(長井戸沼)
猿山
長井戸
長田地区
蛇池
下砂井
栗山
境町
上小橋
西泉田
山崎
喜五郎
猿島地区
(染谷川)
下小橋
浦向
大歩
(鵠戸川)
内門
染谷
伏木
金岡
(一ノ谷沼)
一ノ谷
森戸地区
百戸
若林
新田戸
桐ヶ作
(鵠戸沼)
茨城県索引図
茨城県全図

はじめに

私は境町議会初の女性議員として１９９９年から２０１７年の間の４期を経験した。その時見た景色、選挙を共にたたかった人々との友情、町政への参加、議会で体験した様々なことを、記録に残し、次世代につなぎたいとペンを執った。

「この世の中は数限りない奇跡でできている」とはテレビドラマ「仁」での言葉。一主婦として、なかなか味わうことのできないこの体験は、一つの奇跡なのかもしれない。小さな町の小さな出来事ではあるが、ほかの地域でも起こっているかもしれない。ひと時のかけらを集めて、私の半生を描いた。

これは境町初の女性議員【昭和の合併（昭和30年）後】の奮闘の記録である。

内海和子

２０２０年11月

「ぎかい報　さかい」町民の声　から

ラブ・コールさかい　内海和子

（前略）

多くのミニ政党の台頭は、何かしら新しい民主主義の予感があります。それはイデオロギーにとらわれることなく、主権在民の精神で、しかも個人の生活を大切にした政治を志しているからです。実際、安全な食品を訴えた女性候補者の爽やかさは、これからのものと思われます。そこには正に、愛の実践が感じられるからです。

境町においても中央と同じ体質があることは否めません。けれども新しい民主主義の風は、利根川の葦を震わせながらそよそよと確実に吹いてくるでしょう。台風一過の利根川のように、大きな時代の流れが緩やかに動き始めたようです。

この流れの中で、今何をなすべきか、特に議員さん方には考えて頂きたいものです。

子供たちにとっては心のふるさと。私たち大人にとっては永遠の眠りの町、さかい町。境町を愛するが故に、いつも見つめていたいのです。

１９８９（平成元）年8月10日

1章　女性の視点を町政に生かしたい

1　初めての選挙で知ったこと

選挙カーに乗って

１９９５年（平成７年）８月の選挙は暑かった。

照りつける夏の太陽の下、そろいのピンクのＴシャツで、選挙カーに乗り、終日目いっぱい叫んでいた。

当時、選挙カーに乗車している候補者は一人もいなかった。聞くところによると、この地域の選挙は地縁血縁の選挙で、選挙公示前に支持者はほぼ決まっていて、候補者は選挙期間中、支持者回りに明け暮れるのだという。告示の時には挨拶回りやら、チラシ配りは終えていないといけない。選挙期間中は印刷物の配布や戸別訪問は禁止なのだ。法を変えない限りこのような選挙運動になることは避けられない。

けれども新人の私はそんなことに構ってはいられない。ともかく名前を売らなくてはという思いで選挙カーに乗った。「本人です」といい、ワンフレーズで「女性の視点を境町議会へ」とか「子供たちへ胸を張って誇れる境町を」あるいは「あらゆる環境の浄化を」などと訴えた。そして、街中の各所で選挙カーを止めては演説をした。演説を聞く聴衆はほとんどいなかった。私は広がる田畑の真ん中で、あるいは公共施設の近くで、大手スーパー付近で、車が行きかう大通りで、そしてまた、住宅街の片隅で辻立ちをした。

当時のチラシによると「ふるさととなる町大切にしたいですよね」副題として「女性の視点を町政にいかしたい」「対話で始まる明るい町政」そして「二十分の一のお手伝い」（当時は議員数は20名）と謙虚なものであった。本来は男女共同参画をメインにしたかったのだが、この地域の保守的な風潮を知っているだけに、理解されていない施策を持ち出すのは得策でないと判断したからだ。

具体的な項目として「住民参加の町政」「自然と伝統を生かした環境づくり」「安心して老いることができる福祉」「個性・人間性を尊重する教育」「男女ともに元気が出る地域社会」と柔らかい表現にした。桜色の紙に自宅でとった写真を張り付け、手書きの文字も入れて、本当に小さなパンフレットだった。

私は5日間で60回以上路上に立ち、こうした内容のことを述べた。

8月末の太陽はギラギラと眩しく、白い光の中で、それこそ頭の中も真っ白になりながら、私は必死であった。

運動員はすべて女性

初めてのこの選挙の運動員はすべて（運転手を除いて）女性たちであった。

私を支えてくれた、私たちの学習グループ「ライフ・ステップ・サークル」（後のなかまの会）のメンバーである。ここに至るまでに、さまざまな学習や情報交換を重ねた。

女性としての生き方を模索するミニ情報紙『アモルファス』（決まった形がない、という意味）の発行。男女共同参画理念の広報紙となるよう、工夫したミニコミ紙である。この町で、生きづらい思いをしている女性たちを鼓舞する意味もあった。地域で活躍する女性たちを取り上げては載せ、町内の公民館などの施設、常陽銀行などの会社やお店など各所に置かせてもらった。

わずかに残っている当時の『アモルファス』には、活動する女性たちの言葉の数々がある。その発言はなかなかのもので、今でも考えさせられる。例えば、男女の役割分担意識への疑問、自分らしく生きることへの提言、働き方の問題、政治は生活そのもの、行政はサービス等々、当時の一途さがわかるというものだった。

残っている紙面から、『アモルファス』の基本的な姿勢を示すものとして、今も説得力がある巻頭の文章を二つここに紹介する。

ボーボワールが言ったこと――「自分自身の生に対する責任を奪い返さなければいけない」

ボーボワールは、女性とはこういうもの、男性とはこういうものというような、永遠の女性の本質も男性の本質もないと言ったんだ。（略）女性も男性も頑固に根を張っているそういう先入観からなんとしても解放されなければならない。（略）女性は「僕たち」の文化の中で初めて「第二の性」へとつくられるということだ。この文化の中では男性が主体だ。これに対して女性は男性にとっての客体にさせられる。そして女性は自分自身の生に対する責任を取り上げられるのだ。

あなたがあなたでいるために

アモルファス

じぶんさがし します

1992年 3月 10日 発行
企画発行 ライフ・スチップ・サークル
編集者 内海和子
TEL 0280(87)1032
住所 茨城県猿島郡境町1677-3

アモルファスとは英語でamorphousと書き『決った形がない』とか『整っていない』という意味です。今は混沌としているものが、いつか何かの形で結晶となることを願って名づけました

今、梅の花が満開です。外に散歩に出掛けませんか？風はまだ冷たくて思わず首をすくめてしまうけれど、でも、風の流れの中にちゃんと春の匂いがしています。何か気分もうきうきしてきます。

Action in Life

♡ 1月22日～23日
茨城県婦人教育会館（麻生町）にて女性の学習活動専門講座（女性学）があり『共生社会を生きる』と題して様々な講演や報告がありました。
会場は霞が浦を望むとても落ち着いたところで皆様も一度見学されると良いと思います。興味のある方は直接教育会館へ。4月から新しい学習が始まります。TEL 0299-73-3877

♡ 2月14日 古河市スペースUにて『男女共同社会をめざす県西地域フォーラム』が開催され、境町からも30人程の参加がありました。くわしくは『広報さかい』4月号の参加感想文をお読み下さい。

・このコーナーでは近隣の学習会や行事などの報告又は、お知らせを載せていきたいと思います。情報をお持ちの方、お知らせ下さい。
TEL. 87-0374 石塚

―― 次回は7月発行予定 ――

私たちってシンデレラ？

三高のステキな王子さまを待っているだけの人生でいいの？

（＊三高とは、背が高い、高学歴、高収入の意）

まだまだ男性優位社会の日本、女の痛み感じたことありませんか？
ライフ・スチップ・サークルでは女性の生き方について、毎週月曜日の夜、話し合いの学習をしています。

自分らしく生きたいあなた
何かしたいあなた
本当の友達が欲しいあなた

心を開いて互いに話し合うことで、見えてくる何かがあるはずです。

Notice

●絵と音楽を楽しみながら文化を食しましょう

Eat Art Music へのお誘い

4月25日（土）
PM 6:00～8:00
古河市 あすなろ会館 鶴の間
会費制となりますので下記まで
(87) 5400 斉藤美那子
新しい出会いの場になれば幸い

▼L.C：時がたつのも忘れて…

友たちの輪

内海和子

このサークルの原点は町の浄化です
子供たちにとってふるさととなる町
大切にしたいですネ

このコーナーでは次々と友たちを紹介することで活動のネットワークを広げます

シンデレラ コンプレックス

コレット・タウリング著
木村治美 訳

童話の主人公のシンデレラのように自分もまたある日誰かに何らかの方法で救い出してもらうことを空想し、結婚という幸せで一生誰かにい存していく心理傾向を著した書
何か発見があると思うよ
三笠書房

よんでね！

？言葉てんけん？

『お嫁にいく』とか
『嫁をもらう』とか
『娘が片付かなくて』とか

よーく聞くけど
私たち物じゃないのよね
ちゃーんといいましょう

『結婚します』
『結婚させます』ってね！

先日のL.Cでは、女性観のメカニズムにまで話がおよびました～

会員募集中

自分が感じたまま語り合う楽しさはあなたに生きる勇気を与えます。
よりよく生きたいと願う志ある方語り合いましょう
連絡先 87-1032 内海

ワッキーTIME

―その後のシンデレラ―

糸京子

結婚して三年たってもシンデレラには子供ができません。王様やお后様は「早く孫の顔がみたいね」と言うし、王子様も「お前何処か悪いんじゃないか」なんていいます。おまけに召使いまで「あんまり仲が良いとできないんですって」なんて廊下でくすくす笑っています。

新聞を見ると、隣国のお后様が結婚して十年たっても子供ができないので、ついに離婚されたなんて記事も載っています。

シンデレラはユーウツです。

『私って子供を産むためだけの存在なの？産むとか産まないとかは私が決めることじゃないの？

だって私の体は私のものでしょ？

たとえどんなに王子様を愛しているとしても、私はわたしなのよ。』

でもそんなこと誰にもいえません。

実家の母も「皆に可愛いがられなければだめよ。特にお后様にはね。」なんて的外れなことをいうだけです。

そんなある朝、御飯の臭いにシンデレラはむかついたのです。もしかしてという期待と新たな不安に、シンデレラは胸の動きを止めることができません。

（次号へつづく）

ボーボワールは、女性はこの責任を奪い返さなければならない、と言っている。女性は自分を取り戻し、安易にアイデンティティーを夫に結び付けてはいけない。私はこれこれこういう男の妻です、なんてことで満足してちゃいけないのだ。女を抑圧しているのは男だけではない。女は自分で生きていく責任をひきうけない限り、自分で自分を抑圧しているのだ。(『アモルファス』16号「ソフィーの世界」より)

女性の時代は来る?(東京から越してきて9年の女性は)

あるイベントを企画したときのことです。代表者が女性だったのですが、「代表者は男性のほうがいいんじゃないですか?」との役人様からのアドバイス。出る杭は打たれ、横やりは入り、さんざんくやしい思いをしました。代表者を男性に変えたらすんなりことが通るのです。情けないやら何やら。

あれから数年経ちましたが、今でも大した違いはありません。

PTA・子供会・自治会・地域の行事と、実際活躍しているのは女性(妻)ではないでしょうか? にもかかわらず役員は大方、男性であり、役員名は彼女らの夫の名前の場合が多いのです。不思議なことです。

ちょっと考えてみませんか?

女性が考え、前へ出て歩き始めなければ何も変わっていかないのではないでしょうか。

子供や夫、その他もろもろの事、もちろん大切です。でも今、あなたが動き始め

あなたがあなたでいるために

アモルファス

第2号

アモルファスとは英語でamorphousと書き『決った形がない』とか『整っていない』という意味です．今は混沌としているものが，いつか何かの形で結晶となることを願って名づけました

1992年 7月 20日 発行
企画 ライフステップサークル
編集者 内海和子
TEL 0280 (87) 1032
住所 茨城県猿島郡境町1677ー3

今ここにあるもの

をクールに見つめてみませんか？！
きっと何か感じることあるはず

自分だけ良ければという時代。でも価値観はめまぐるしく、うつり変っている激動の時代でもあるんですよね。ちょっと足を止めて、時代の香おりかいでみませんか？同時代に生きる人間同志として、本音で解り合えたら、この時代に生きる感動をみんなで共有できるのにね！

いま、ここ

人間が人間として
生きるときの時は
いつでもいま
昨日でも明日でもない
今日ただいまのいま!!
そして――
自分の生きるところ
生きる場所は
いついかなるときでも
ここ
西でも東でもない
いま自分の立っている
ここ
右でも左でもない
いま自分の坐っている
ここ!!

いつでもどこでも
いま、ここ、が
自分のいのちの
正念場
自分の一番大事な
ところ

あいだみつを著「一生感動・一生青春」より

発行部数 2000部
設置場所 中央公民館 役場
常陽銀行 郵便局
文化村公民館 他
購読御希望の方は上記又は
87ー1479 松浦まで

（全4頁ですが、1頁目のみ紹介します。以下同じ）

― 1 ―

あなたがあなたでいるために

アモルファス

第3号

アモルファスとは英語でamorphousと書き『決った形がない』とか『整っていない』という意味です。今は混沌としているものが、いつか何かの形で結晶となることを願って名づけました。

1992年11月 20日 発行
企画 ライフステップサークル
編集者 内海和子
TEL 0280 (87) 1032
住所 茨城県猿島郡境町1677−3

あなたはだんだんきれいになる

おんなが附属品をだんだん棄てると
どうしてこんなにきれいになるのか
年で洗われたあなたのからだは
無辺際を飛ぶ天の金属。
見えも外聞もてんで歯のたたない
中身ばかりの清冽な生きものが
生きて動いてさつさつと意欲する。
おんながおんなを取りもどすのは
こうした世紀の修業によるものか。
あなたが黙って立っていると
まことに神の造りしものだ。
時時内心おどろくほど
あなたはだんだんきれいになる。

——高村光太郎著「智恵子抄」より——

整理上手ということ

石綿きみ

いま、主婦の殆んどが公民館の活動やボランティア活動等、どこかに参加しているようです。そこで、耳にすることは「此の頃、無闇と忙しくて落ち着かないが、こんな生活でいいのかしら」と自分のやりたいことへ意欲を燃やしている充実感と同時に時間不足から起こる生活へのつまづきにためらいを感じているようです。折角生き甲斐の糸口を見つけ始めたのに、余程特別な事情のない限りやめてはもったいないことです。今までの自分の生活の一部を切り換えたり工夫することにより道も開けると恩います。千葉敦子著の「ニユーヨーク24時間」という本から整理上手ということについて一つだけ取り上げてみます。

一日の計画を決まった紙に書く

例えば、○○に電話、○○教室、おばちゃん家に声かけ等10項目ぐらいカード状の紙に箇条書にし、重要と思うことから12‥と番号をつけていきます。そして、重要なことやちょっとおっくうなことから片付けていき終了したのは①と番号に○印をつけるようにします。

中8項目終えれば良い方で案外あとの2項目はやらなくてすむことや後日にまわしてもよいことに気づきます。○印が多いことにより満足感も出てきてイライラ解消になるものです。記録済みのカードは仕切りのある箱にでも入れて置き一ヵ月間まとまったら穴を開けて纏じておくと生活を反省する資料に。カードを見ながら夜、日記を書く一時は自分だけの楽しい時間になるものです。やってみてはいかがでしょうか。

H4 11/20
1.
2.
3.
4.

あなたがあなたでいるためにアモルファス

第4号

アモルファスとは英語でamorphousと書き『決った形がない』とか『整っていない』という意味です。今は混沌としているものが、いつか何かの形で結晶となることを願って名づけました

1993年 3月 1日 発行
企画 ライフステップサークル
編集者 内海和子

TEL 0280 (87) 1032
住所 茨城県猿島郡境町1677−3

心の祈り

私は私のことをする
あなたはあなたのことをする
私はあなたの期待に沿うため
この世にいるのではない
あなたは私の期待に沿うため
この世にいるのではない
あなたはあなたであり、私は私
もし偶然にも、私たちが
出会うことがあるとすれば
それはすばらしい
もし出会わなければ
それはそれで仕方がない

フリッツ・パールズ

カット「すこやかファミリー」より

『アモルファス』を読んで

相良 トミコ

ひとつの形にとらわれない記事、読み易く、又肩のこらない、こんな楽しい勉強の場、この紙上を通してサクルへ仲間入りというところ。まして、私たちは老齢者高齢化へ向けて生涯学習が進められている、そんな中で読むこと書くことがつい億劫になっている事を思うと、まだまだ勉強という事を、再認識させられるような気が致します。。

この度たまたま何でも結構ですからと、原稿の依頼を頂きペンをとりました。

『アモルファス』が発刊されている事を、境町住民の方々に知って頂きまして、紙上を通して意見の交換が出来ましたら大変幸せに思います。

私は、結婚生活四年と一か月にして、主人に他界されました。生まれて二歳四か月の長女と、七十二日目の男の子の二人の子供を残し去っていかれた私の気持立場は言葉につくせないものがありましたが、子供の養育、教育にと苦難の道を乗り越えてがんばって参りました。

今は、二人の子供も社会人となり、それぞれに家庭を持ち、自分の子供の教育に目を向けております。そんな姿を見る時、今はこんな年齢になってしまったのだと残念に思います。でも自分が健康で今の職業に打ち込める事に感謝しながら、残された人生に対しじっくりと反省しながら生き抜いていこうと思います。

どうぞ皆様方のご指導よろしくお願い申し上げます。

あなたがあなたでいるために

アモルファス

第5号

アモルファスとは英語でamorphousと書き『決った形がない』とか『整っていない』という意味です。今は混沌としているものが、いつか何かの形で結晶となることを願って名づけました。

1993年 5月20日 発行
企画 ライフステップサークル
編集者 内海和子
TEL 0280 (87) 1032
住所 茨城県猿島郡境町1677−3

青春

青春とは
　人生のある期間でなく
　心の持ちかたを言う
年を重ねただけで
　人は老いない
理想を失うとき始めて老いる

六十歳であろうと十六歳であろうと
人の胸には、驚異に魅かれる心
幼な児のような未知への探究心
人生への興味の歓喜がある
人から神から
　美、希望、喜悦、勇気、力の
　霊感を受ける限り、君は若い
霊感が絶え、精神が皮肉の雪におおわれ、悲歎の氷にとざされるとき
　二十歳であろうと人は老いる
頭を高く上げ
　希望の波をとらえる限り
八十歳であろうと
　人は青春にして已む

サムエル・ウルマン

人生いつまでも我がままで

沼田 美智子

先頃配布された「社協だより」のひと言欄に、「幸せ」なのに「もっと幸せ」求めていませんか、「人並みでいいじゃないですか、でも「人並み」ってどれくらいのことなんでしょうね。…という一文がありました。

そうよねえ、とひとりうなずいて、自分のこれまでを思いおこす機会となりました。

三十四年間ずっと勤めており、忙しい毎日の明けくれで、どんと課されたノルマをどう果たそうかとひたすら頑張ってきました。その間は、早くこの仕事を辞めて、課された仕事ではなく自分のやりたいことに熱中してみたいといつも思っていました。

さて七年前、念願の退職をしました。毎日がルンルン気分で、旅行、習い事、読書、家事にと楽しい日々が夢のように過ぎていきました。今が最高の幸せ とその時は思えたのですが、日がたつにつれだんだん心の隅に満ち足りない思いが芽生えてきました。今自分がしているのは所詮暇つぶしではないかという気持が強く、何かを苦労してやり遂げたという成就感を味わえないストレスがたまっていくのです。在職中あれほど欲しかった自由なのに…人間って我がままなものですね。

さあこのストレスをどう解消していくか、それを課題として今後頑張っていきましょう。豊かではなくても、健康で平凡な生活が本当に幸せなのだと本気で思える日まで。

あなたがあなたでいるために

アモルファス

第6号

アモルファスとは英語でamorphousと書き『決った形がない』とか『整っていない』という意味です。今は混沌としているものが、いつか何かの形で結晶となることを願って名づけました

1993年 8月20日 発行
企画 ライフステップサークル
編集者 内海和子
TEL 0280-87-1032
住所 茨城県猿島郡境町1677-3

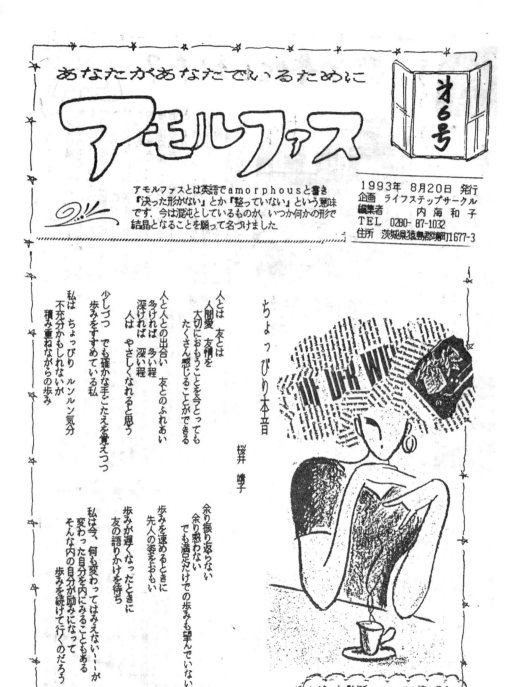

ちょっぴり本音

桜井 靖子

人とは　友とは
人間愛　友情を
大切におもうことを今とっても
たくさん感じることができる

人と人との出合い　友とのふれあい
多ければ　多い程
深ければ　深い程
人は　やさしくなれると思う

少しづつ　でも確かな手ごたえを覚えつつ
歩みをすすめている私

私は　ちょっぴり　ルンルン気分
不充分かもしれないが
積み重ねながらの歩み

余り振り返らない
余り惑わない
でも満足だけでの歩みも望んでいない

歩みを速めるときに
先人の姿をおもい

歩みが遅くなったときに
友の語りかけを待ち

私は今、何も変わってはみえない---が
変わった自分を内にみることもある
そんな内の自分が励みになって
歩みを続けて行くのだろう

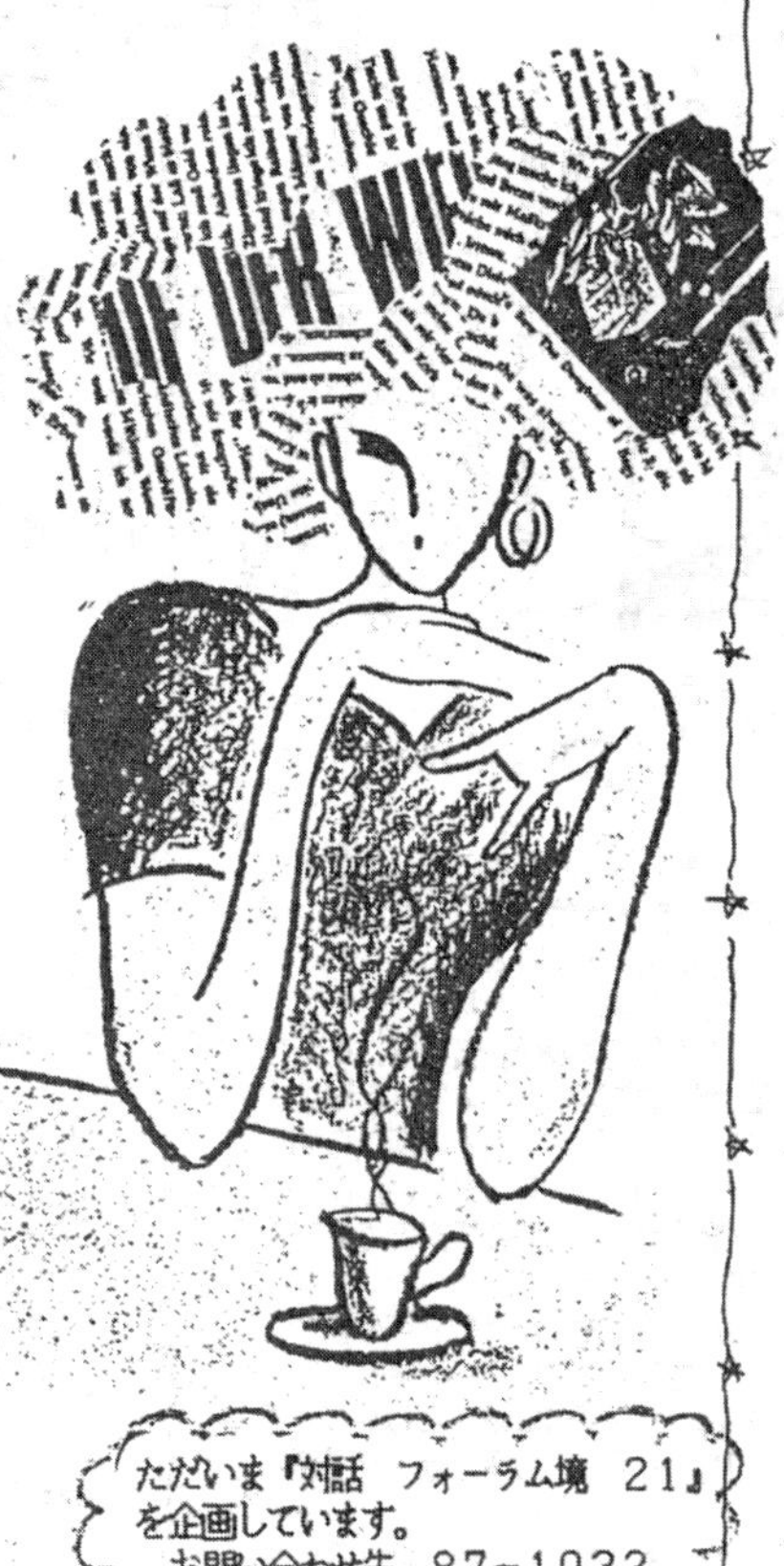

ただいま『対話　フォーラム境　21』を企画しています。
お問い合わせ先　87-1032
内海　まで

あなたがあなたでいるために

アモルファス

第七号

アモルファスとは英語でamorphousと書き『決った形がない』とか『整っていない』という意味です。今は混沌としているものが、いつか何かの形で結晶となることを願って名づけました

1993年11月20日 発行
企画 ライフステップサークル
編集者 内海和子
TEL 0280-87-1032
住所 茨城県猿島郡境町1677-3

主役不在のドラマ
政治改革

大沢 紀代子

バブルが弾けて社会全般に女性の進出が難しくなっています。来春の女子の大学卒業予定者の就職が大変だということですね。総務庁では女性の社会参加の推進のための特別委員会があり、様々な問題が報告されています。

結城市でも審議委員に女性を、二人三人と加えてきています。良い事ですが、選ばれた女性がせっかくの立場を生かさなければ、後に続いていけないと思います。ただ座っているだけで、会議に自分の意見を出さないではもったいないと思います。

県民フォーラムや知事を囲む会等でもあらかじめ与えられた意見だけの交換になっていたのではないかと、今になって竹内知事のことがくやまれます。(お膳立てされた知事を持ち上げる会にならないように) それにしても県に於ける福祉行政が全国最下位だったとはね----

今テレビでは毎日政治改革という言葉が流れています。ジャーナリストはそれを糧に周りにいます。しかし政治家を選ぶ側の主人公である我々がまだ登場していないのが今の状況です。

小選挙区制に論議をすり替えているのはおかしいことです。

女性の政治参画も一層不可能になるこの制度、実際県議に女性が一人もいないのもこの制度に近いからではないでしょうか。

私たち女性もいつも新聞やテレビ等に目を通し、アンテナを高くして自分の意見を持って生活するようにしていかなくてはならないと思うこの頃です。

(結城市西町在住
同市市会議員)

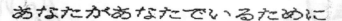

あなたがあなたでいるために

アモルファス

才八号

1994年 2月20日 発行
企画 ライフステップサークル
編集者 内海和子
TEL 0280-87-1032
住所 茨城県猿島郡境町1677-3

アモルファスとは英語でamorphousと書き『決った形がない』とか『整っていない』という意味です。今は混沌としているものが、いつか何かの形で結晶となることを願って名づけました。

よろこびが集ったよりも
悲しみが集った方が
しあわせに近いような気がする
強いものが集ったよりも
弱いものが集った方が
真実に近いような気がする
しあわせが集ったよりも
ふしあわせが集った方が
愛に近いような気がする

―― 星野富弘 ――

家族って何？

内海 和子

先日、テレビで、自分が身障の身でありながら、どうしても子供がほしくて、養子縁組をした米国女性（しかも独身！）のことが放映されていたが（ＴＢＳ情報スペース、養子縁組には厳しい審査がある）自分の子供でさえ責任をもてるかどうか分からない、この不透明な時代に何とも勇気ある選択としか、いいようがなく、その根底にある家族願望の深さには、胸があつくなる思いであった。

『人は一人では生きていけない』この命題のもとに、人は愛しあい、家族をつくり、地域社会を造ってきたのだろう。

家族とは、個人が生まれ死にゆく姿を見取り、その生活を共有する同志である。しかし、それは同時に閉鎖的な密室でもあり、他者への理不尽な権力の場ともなる。（子供へとんでもない名前をつけた親がいた！）

あるいは主婦という美名の元に、女性たちへ役割分業をおしつけている場ともなっている。子供のため、夫のため、或いは老親のため、主婦たちはなんと多くの不本意な選択を強いられていることだろう。（しかも皆ボランティアなのだ！）

この様な状況の中で、一人ひとりが、自分なりの自己実現を対等にできる場としての家族（家庭）の構築こそが、今、望まれているのではないだろうか。

家庭はホテルではないのだということを男性も女性も共に認識し合っていきたいものである。

れば少しづつでも地域は、そして時代は変わっていくのです。女性にはその知恵も力もあると私は思っています。本当の意味での女性の時代がキット来る、と期待しているのは私だけでしょうか?

(『アモルファス』17号　アースボーンメッセージ代表、緑川みちよ)

またこの中で「友達の輪」というコーナーを設け、多くの女性たちと友達になれたことは、今でも私の大きな財産となっている。

この『アモルファス』発行の資金などは、当時広告料として各店、企業、個人の方々から寄付してもらった。当時私を信頼してくれたみなさまに心よりお礼申し上げる。

年4回の発行で、1992年3月から1996年12月まで続けた。(私の記憶では23号までと思うが、手元に残っているのは22号までであった)

また、長年のPTA活動の中で(小学校で12年、中学で6年)疑問に思った地域社会のことでは、議会傍聴をし、当時の教育長や議員に来てもらっての行政懇談会なども開催していた。

思えば、「議会傍聴をする会」から女性の人生に合わせた「ライフ・ステップ・サークル」を主宰し、『アモルファス』を発行したこと自体、この町では初めてのことではなかったか。純粋な地域に根差したこのミニコミ紙がどのくらい効果があったかは分からないが、PTAの会合ごとに自前のプリントを用意し、あるいは新聞記事のコピーを配ったりした。若かった私の情熱も結構なものであった。

ロッキード事件、ゼネコン汚職

折から世間では政治不信を招く不祥事が次々と出現し、世間を騒がせていた。時の総理大臣田中角栄がかかわったロッキード事件、茨城県では竹内藤男知事のゼネコン汚職、近隣の三和町での大山真弘町長の収賄事件、そして境町でも中村喜四郎元建設大臣が国会前で逮捕された。まさに右肩上がりの時代の負の遺産、金権政治、ハコモノ土建行政が噴出した頃であった。境町でも、選挙のたびに、怪文書が飛び交い、金品が飛び交い、議員たちの醜聞が流布されていた。住民にとっては何が正しく、何が不正なのか、皆目わからない。

当時の境町議会報に載った私の意見がその状況を述べているのでここに紹介する。

この頃はなにが正しく、何が不正なのかということがかなりあいまいになってきているようです。

先ごろの町長選を見ますに、様々な中傷、様々な金品が飛び交うのが、誰の目にもわかるのに、それを口に出して言う人は少ないのです。（中略）この度の無節操には唯あきれ返るばかりです。それでも心ある町民の訴えにより、幾人かは取り調べを受けましたが、その取り調べされた人々より、そのことを訴えた正直な、当然のことをした者が、脅迫を受け、取り調べされた人が同情されているという事実も聞きます。このことは中央における金権政治の体質と同様に、何が正しく、何が不正なのかということが曖昧になり、また曖昧にさせているものがあるということに注意しなければならないのです。

政治姿勢や公約による判断ではなく金品による選挙など、とても民主主義とは言えません。義理人情も、人間としての最低のモラルの上にあるべきもので、何かくれる人に一票をと思っておられるかたがあるのなら、それは人間として何かが欠落しているのです。

これからの境町の発展と、その町民の幸せのため、何が正しく何が不正なのか、今一度、一人ひとりが、広い視野のもとに、考えていかなくてはならないと思います。そのことがたぶん、中央における不正をただしていく方法でもあると信じます。

そのほか町の広報紙に載ったタイトルは「議会傍聴しましょう」「ラブコール・さかい」（町民の声1983年から1990年）等。

もう一つ「されど境町」と題したものも当時の状況がわかるので紹介しよう。

「されど境町」

先ごろの議会を見ておりますと誠に情けない思いがいたします。いずれの議会人もそれなりに道を究めた方たちであるはずなのに、感情的な発言が多いように思います。それに何よりも不快なのは、議会論議の中に町民の影がないことです。住民不在の論争などしていったい何になるのでしょうか。昨年の参議院選挙から一年あまり、世界は大きく変化しています。この世界史の変革のドラマティックな場面に、私たちが生きているということは、私を感動させます。けれどもこの感動をもって見る日本の政治も情けないのです。ましてやこの境町では。たかが小さな町のこととおもえば、そんなものさと思えるのかもしれません。でも、この町は子供たちにとってはふるさととなる町、そして私たち大人にとっては、永遠の眠りの地なのです。

私たち町民の知らぬ間になされた国有地問題（桜土手の無断開発）のわかりにくい経過、話し合いができず流会する臨時議会。そして各議員のまちまちな広報。いったい町民は何を信じたらよいのでしょうか。

しかしながら、そうしたリーダーたちを選んだのは、ほかならぬ私たち町民なのです。何やかやといっても、選んでしまったのは私たち自身なのです。

私たちは本当に、自分の選んだ議会人を見つめているでしょうか？　その活動を、様々な行動の中から判断し、４年ごとの選挙で、よく考えその一票を投じているでしょうか？

私たちは今一度、自分の選んだ議会人が何をしているのか、どういう政治理念を持っているのか、よく見つめてみる必要があるのではないでしょうか。

よりよい町とするために、私たち町民の責任も考えてみたいものです。（１９９０年議会報　町民の声）

今でも通じるのではないかと思ってしまう。

なお個人的には、合併35周年記念として募集された論文に応募し、優秀賞をもらったことも懐かしい記憶である。「我が町の水辺の未来の夢」（『広報さかい』№２８９　１９９０年）と題して、私としては心を込めて考えたものだった。要約すると、利根川の景観を生かした町づくりの構想で、エコノミーからエコロジーへという私の夢であった。現在その一部は実現しているが、川の汚染や洪水災害などのリスクがすべて一掃されたというわけではない。今後の改革が待たれるまちづくりではあるが、その時は理想に燃えていた。

蛇足ながら、当時私の活動はマスコミに載っていた。
一般紙では、

「地域で活躍する有能な女性にエールを送ろう」（『県西ニュース』１９９４年）
「心のこもった政治を求めて、手作り、クリーン選挙めざし」（『県西ニュース』１９９５年）
「内海氏が出馬表明『女性の視点を町政に、町議選』」（『新いばらき』１９９５年）
「女性の地位向上へ、男女共同参画社会推進会議」（『茨城新聞』１９９５年）等々。

その中から東京新聞に載った記事の一部を紹介しよう。

【ミニコミ誌で行政監視】境町の主婦
チェック機能を果たせない町議会
議会の情報を住民に
題名「傍聴席」純農村地帯で光る存在

境町の主婦が「傍聴席」と題するミニコミ誌を発行して話題になっている。（中略）情報公開などとともに住民の行政監視活動として注目されている。

同町1677の内海和子さん（54）は仲間の主婦たちと4年前から年4回、女性の生き方を考える「アモルファス」（決まった形がない、との意味）というミニコミ紙を出してきた。

「傍聴席」発行は東京都文京区の若林ひとみ区議を中心とする「開かれた議会をめざす会」に参加したのがきっかけという。同会は議会の在り方や議員の資質を検証するなどして政治の信頼回復を目指している。

政治に強い関心を持っていた内海さんは、13年前から境町議会の傍聴を続けてきた。「傍聴席」創刊号でも「議会を傍聴して感じたことは山ほどあります。開かれた議会こそ、よりよいまちづくりに欠かせないと信じます。」と主張している。

境町を中心とする猿島郡は純農村地帯。住民の自治体に対する関心は低く、それだけに行政監視の運動に取り組んでいる内海さんのような存在はユニーク。

内海さんは25年前に東京から嫁ぎ、現在は信用金庫に勤める夫と一男一女の平凡な家庭の主婦。男性中心の政界に存在する不透明さに疑問を持ち続け、自治体の公金のむだ遣いに怒りの声を上げて昨年の同町議選に出馬したが、落選。「めざす会に参加して民主主義確立のためには議会の改革が必要と思った。この気持ちを編集に生かしたい」と、いまミニコミ紙づくりに意欲を燃やしている。「傍聴席」はB4判4ページ。年4回の定例町議会ごとに1、500部ずつ発行する予定という。

（1996年7月）

この記事を書いた東京新聞の服部辰一さんにはしばしば環境問題などの情報をいただいた。正義感にあふれた気骨のある、記者であった。彼の退職後もたびたびお会いした折りに議員となった私へ、いろいろとアドバイスしてくれた。

また県西ニュースの遠藤正武さんは古河市長選からのお付き合いで、元読売新聞社の記者という、この方も正義感あふれる方だった。酒井輝代さん（古河市の市長選で唯一の女性候補となった元市職員）との交流を通し、女性たちの記事をよく載せてくれていた。

朝日新聞の若い記者は正義感にあふれていながらもソフトな雰囲気で、長くお話した覚えがある。中村喜四郎さんのことをよく聞かれた。なにぶんにも中村さんの自宅が私の自宅の近くなので、興味を持っていたのかもしれない。

中村喜四郎さんはあっせん収賄罪に問われ、公判中に無所属で立候補し、トップ当選した。いかに保守地盤が堅固なものであったかの証左だ。当然彼はみそぎが済んだと思ったに違いない。

一連の騒ぎが落ち着いたころ、朝日新聞記者から週刊誌部門へ移動したとの知らせがあり、しばらく年賀状などのやり取りをしていたが、それきりになってしまった。

いずれの方も私に好意的であったのは、男性方による政治の腐敗にクリーンな女性たちの台頭を望んでいたからかもしれない。皆さんには大変お世話になった。

「女が出てもダメ」ですか？

そのころ、この町で地域社会をどうにかしようなどと思った女性はいなかったのではないか。特に政治的活動はなおさらで、ＰＴＡや交通安全母の会、社会福祉協議会や、町の各種審議会、委員会等での発言は地元の方の意見とは違っていたと思う。多分生意気にしか映らなかったのではないか。多くの嫌がらせのハガキや便りやらが、その数年前から来ていた。

怪文書といってもいいそれらの多くは「女が出てもダメ」というものだった。あからさまに「出るな」という意見と「出て下さい」という相反するものがあった。それらはいまだに捨てがたく私の引き出しにある。その中の一部は筆跡から、誰が出したのか推察できるものもある。いまさら犯人探しをしても仕方ないのだけれど、このように何年たっても忘れられないということは、この町には、「十年ひと昔」とくくって水に流す粋なことはできない何かがあるようである。それが何なのか、その後の議員活動の中で、遅ればせながら私は気づいていくのだが、その時はただただ保守的な町だなとしか思わなかった。様々な理不尽なことへの反発から、選挙に立候補することになった。

私自身のことをもう少し述べさせていただくと、娘の頃は文学少女。思春期はヘルマン・ヘッセ。ちょっと生意気な頃はボーボワール、サルトルの、実存主義にひかれ、アルベール・カミュの『シジフォスの神話』に共感し、「何故生きるか」にとても関心があった。彼らの言うヒューマニズムという呪縛がいつも頭の隅にあって、その割には、身を入れて命かけるまではいかない自分がいた。だから恋愛も結婚も友情もこの人生の命題「何故生きるのか。どう生きるのか」の答え探しと考えた。つまりは自分探しということ。

けれども結婚生活の中にある、女性ならではの作業（家事）は、私を立ち止まらせた。確かに、子育てすることによって私は成長したと思う。育児は人生の大きな事業であって、そこには思いもよらない収穫がある。それはそれで幸せなことだ。けれどもこれだけが人生の生きる答えではないだろう。

自分らしい人生とは何か。主婦としてのありきたりの生き方では納得がいかなかった。冬の寒い夜、靴音を響かせながら家路にいそぐ私は、オリオン座の輝きを見ながらふと考えた。「私の人生これでいいの？」と問いかけたのも、自己実現の時代となっていたからだろうか。そう、人生はどうあっても悔いが残るに違いない。ならば、やらないで後悔するより、やって後悔しよう！

「君の人生なのだから…」

夫に立候補の話をしたのは、その年の初めぐらいだったと思う。彼はサラリーマンという宮仕えの身であり、某金融機関の役員でもあったので、初めはやってほしくないようなことを言っていたが、それでも活動をやめない私に、「君の人生なのだから、好きなようにしたほうがいい」と最終的には理解してくれた。私が近隣の古河市長選に立候補する酒井輝代さんを準備段階から支援していた姿を見ていたからかもしれない。

2月の古河市長選の期間中、私たちなかまの者は選挙事務所のお手伝いをしていた。古河市で初の女性候補ということで、支援者も多く盛り上がっていたのだ。私たちは女性のほうがきめ細かい行政ができると期待して、地域は違うが近隣ではあるので、応援した。おかげで後援会長になってしまい、出陣式には応援演説までしてしまった。なので、なかまの友人たちは次は私が選挙に出るのかと思っていたかもしれない。私の頭の中では立候補の下準備みたいな気持ちがあったことは確かだ。だから選挙の在り方改革とはいえ、とりあえずはどんなことをするのか見ておかなくてはならない。そのチャンスでもあったわけだ。

市役所の職員であった彼女が一念発起し、一生懸命な姿を見て、でき

高校時代

1957年　家族との写真

ることは何でも協力した。

その姿を見ていたせいか、夫は私の8月の選挙期間中はもちろん、その前の5月ごろから、ご近所などを一緒に回ってくれた。当時夫婦で選挙運動をする者はいなかったので、区長さん方のところへ行くと、「誰も（夫婦一緒に）挨拶などこないよ」といわれた。もっとも、地縁血縁の義理人情の地域だから、挨拶に行かなくとも、とうの昔に投票する人は決まっているのだ。

親戚も少なく、地元出身でない私としては、そんなことは皆目わからないから、ともかく顔を売らなくてはならないと思っていた。そのために夫が率先して、挨拶回りをしてくれたことは本当にありがたかった。

夫と出会ったのは

夫とは、私が事務員として働いていた時、シナリオ教室で出会った。書くことが好きで、映画も好きだったので、当時石原裕次郎を売り出し、全盛であった日活映画の演出家が開催した（確か近代芸苑といった）シナリオ教室へ、勤めの傍ら通っていた。橋本忍など当時名の通っていたライターの話を聞くことができ、また数人の友人もできた。その中に彼がいた。毎回授業が終わった後、駅へ向かう道でおしゃべりをしながら帰り、たぶん電車も一緒の方向であったのだ。そうした何気ない会話の中で、面白い話をしては私たちを笑わせていたのを見て、気安く話せる人という親しみを覚えた。当時は根暗で、めったに笑うことはなかった私には、楽しい帰り道となっていた。

のちに「次元プロ」というシナリオライターのプロダクションを立ち上げていた。シナリオハンティングと称して、千葉県の海岸や、大谷観音などにみんなで（男性3人、女性2名）行ったりした。

そうして創作した全学連がらみの『流人祭り』という作品は、間に入ったプロデューサーに裏切られ、収入もなく、あっけなく次元プロは解散となった。

そんな彼を、離婚して一人暮らしの母に紹介すると、当時定職もない身であったにもかかわらず、母は何も言わなかった。のちに彼の父親が大蔵省へ勤めていることなどを知ると、信頼できると思ったようだ。年下であることも、母自身父より9歳年上という事情もあったので、年齢的なことは何も言わなかった。むしろ話し上手で、ユーモアのある落ち着いた彼に好感を持ったようだ。何より、私が子供のころから無口な性格であったので、気安く話ができる相手でよかったのだ。

当時の世間を考えると夫の理解は不可欠で、その夫が一緒にあいさつに回っているということは信用になったはずである。女性が立候補できない理由の一つには家族の無理解というのがあったからだ。男性方が出るときも同じように家族の理解は欠かせないものとは思うけれど。まずは夫に感謝である。

この手づくり、ボランティアの、女性たちによる選挙はこのような状況の中でスタートした。

ここには明確なメッセージが二つあった。一つは境町議会には女性議員が一人もいないことの認識を広めること。もう一つは「もの金くれの選挙」でなく、その人の理念に賛同して選ぶ「出たい人より出したい人」と故市川房枝元参議院議員が言われたことの「理想選挙」を実行することであった。市川さんは当時の汚職まみれの政界を危惧して、汚職議員追放運動にはげんでいた。その傘下には故青島幸男元東京都知事、現国会議員で元総理の菅直人さんがいる。市民派としての活動の中からクリーン選挙を推進していくこと、つまりは選挙の在り方への挑戦でもあった。

女性はゼロの議会

当時の境町議会議員は20名で、女性はゼロ。旧境町（境地区）の時は女性は3名いたそうだ（ただし、最近調べたところ、町の議員名簿には載っていない）。昭和の合併で町が大きくなる以前の、旧境町であったので、当時の当選得票は60票ほどであったと聞く。夫が亡くなるとその代わりに出られたらしい。「たてふく家具店」や「釜八」の屋号を持つお店の伴侶方である。その後合併により現在の境町となったので、以来40年もの間、女性議員は皆無となってしまった。都会からこの地へ来た私には信じられないことであったが、いまだに女性議員ゼロの議会がある時代である。致し方ないことではあったのかと思う。

町行政も男性のみ

町執行部側も男性のみで、三階建ての古い庁舎の議場は現在のような整ったものではなく、薄暗い幾分広い部屋に、事務机を並べただけの簡素なものであった。当時のさかい町議会報には議会傍聴者の声として「これでは傍聴者を受け入れないようだ」と書かれている。とはいえ、私が主宰して行った「議会傍聴をする会」や、交通安全母の会や家庭教育学級などの議会傍聴の光景が町の広報紙には幾度か載っていた。傍聴者はそれなりにあったというわけだ。

この立候補の件はまず、親戚づきあいをしている者に伝えた。親戚といっても本家の内海家とそのつながりの者しかいない。そのほか地元の区長と役員さんなどに伝え協力をお願いした。

交通安全母の会

交通安全母の会の中村幸子会長。何よりも7年間、地区支部長として親しくしていたので、挨拶しないわけにはいかないと思った。交通安全母の会の活動は町役場からの与えられたボランティアとはいえ、私にとってはたくさんの友人ができた会である。活動も研修などがあり、結構楽しいものであった。彼女たちとはしばしば雑談の中で、立候補の話なども話題になって、私が「中村さんどうですか。やってくださいよ」というのに対して「私は駄目よ。夫の理解がないと思う。でも内海が出るなら応援するよ」といっていた。

けれどもいざ立候補という段になって連絡をとって見ると、何やかやと会おうとしないのだった。

「女には無理よ」

そういえば、他にも親しくしていたＰＴＡでの友人たちも「表だっては応援できないわ」と言っていた。挨拶回りの時、頼りにしていた当時のＩ婦人会長でさえ、「親戚に議員がいるので大っぴらにはできない」というし、当時校長で後に教育長になったＨさんは「女には無理よ」とにべもなくいわれてしまった。

このＨさんとは町の女性対策委員会で一緒に委員として男女共同参画のイベントなどを企画していたので、女性議員進出については当然理解あるはずと思っていただけに、これで男女共同参画委員なのかと、唖然としたものだ。「謙虚でいるのが女」と彼女は言った。確かに、シンポジウムで彼女が司会をした時、特段に男性に気を配っていたことが思い出された。シンポジウムの趣旨からしたら、それはおかしなことであったのだが、私も強くは主張しなかった。

こうした活動を通して各所で自分の考えを発言していた私なので、たぶん、私はのぼせ者ということになっていたのかもしれなかった。女性たちでさえこのようなのだから、町全体の評判はおして知るべしであったのだ。考えてみれば無謀なことをやり始めてしまったのかもしれない。

私としては母の会会長の了解がなくてはできないと考えていたので、何回か面会を拒否されたにもかかわらず、メンバーで母の会活動をしていたＫさんに彼女の家に行ってもらった。どんな風になるのか不安はあったが、Ｋさんに一任した私は一時間以上も話し合って帰ってきたＫさんの表情を見て、話はうまくいかなかったようだと悟った。

「今回は出るな」

Kさんは多くを語らなかったが、要はこうだ。「今回は出るな。4年後なら準備もできるので手伝う。なぜダメかというと、古河市長選で酒井光代さんの後援会長をしたことと男女共同参画推進委員会で〝男女学セミナー〟を開催したこと」だという。どちらの理由も、まったくおかしな言い分。要するに出てほしくないのだ。「かまわないよ。気にしないでやりましょう！」とKさんはいった。私としては選挙事務所の事務局長をお願いしていたぐらい信頼しているKさんである。彼女の顔から感じたニュアンスでは私のある事ないこと、悪口の類を言われたに違いなかった。「もういいよ」と彼女はいって、なおも多くを語ろうとはしなかった。私も予想はついていたので、多くは聞かなかった。

そして、そのようなことで揺らぐ私たちではなかったのだ。1995年5月23日、私たちは茨城県庁へ行って「うちうみ和子となかまの会」を政治団体として登録した。正当に政治活動をしたいと考えたのである。このことは、市川房枝記念会の政治参画セミナーで学習してきたことでもあった。

折からのゼネコン疑惑からの一連の政治家たちの不祥事は、国民の政治不信の始まりでもあった。地域環境の浄化を訴えることは、とりもなおさず、選挙のあり方自体を変えていかなくてはならないと感じさせたのではないか。私の思う理想的な政治姿勢を掲げ、男女共同参画を旨としながらも、表面は控えめに「子供たちにとって、ふるさととなる境町」のキャッチフレーズで、「この町を胸を張って誇れる町にしましょう」と歩いた。

境町で初めて女性が立候補しそうだということで、急拠なかまの者が『アモルファス』増刊号を出してくれて、ご近所へ配ってくれた。

【「人が輝けば町も輝く」として当時輝いていたイチローの言葉を借り、「変えなくちゃ」子供たちにとってふるさととなる町が本当に輝くように、そして誇りをもって「大好き！」といえるよう私たち大人が責任をもって努力しましょう。】

「うっかり1票がっかり4年にならないように！」と添えて。私が頼んだわけでもないのに、このように努力していたメンバーがいたことは本当にありがたいことであった。今改めてFさんとTさんに感謝申し上げる。

すべてが手探り

それにしてもすべてが手探り状態であった。パンフレットもポスターの写真もKさんに撮ってもらい、その中の良いものを印刷屋さんに頼んで、前出のチラシの原稿も自前であった。

選挙カーは夫が通勤用に使っている中古の白い乗用車で、近所の電気屋さんにスピーカーを設置してもらった。掲げる看板は知人の看板屋さんにお願いした。これはなかなか立派なもので、木枠の四面それぞれに白地に紺色で「うちうみ和子」と書かれたものだった。また、胸にかけるタスキはメンバーTさんのお連れ合いが自前でプリントしてくれたものだった。白い手袋とピンクのハチマキは事務長のKさんが買ってきた。

運転手は夫やKさんの息子さんやメンバーFさんのお連れ合いなどが担当した。ウグイス嬢もご近所の女性たちやメンバーのFさん、Mさん、Mさんの娘さん。そして私の娘という具合に。もちろん皆さん無償のボランティアであった。

そろいのピンクのTシャツはTさんのお連れ合いが「うちうみ和子となかまの会」と背中に印刷してくれたものだった。淡い色合いは、優しい感じとさわやかな感じを与えていたと思う。女たちだけの選挙はこうして始まったのだった。

晴天の下で出発式

出発式は晴天に恵まれて、ポスター順番が決まったころから、近所の小松原さんの駐車場で行われた。初めに荒川博副区長の挨拶。事務長Kさんの挨拶。続いて来賓の酒井輝代さん。先の古河市長選では善戦ながらも落選してしまっていたが、輝いている。そして日本有権者同盟茨城支部の石川洋子さん（遠く水戸市から駆けつけてくれた）。彼女は市民活動家として市川房枝の理想選挙を推進していた。参議院議員のかのう安さんと衆議院議員の中村喜四郎さんの祝電などを読み、候補者である私が挨拶。

正直何を話したかはよく覚えていないが、たぶんチラシのように「子供たちにとってふるさととなる境町を胸を張っていえるように女性の視点を入れたい」という趣旨のことを言ったに違いない。地元本船町の栗原英明さんに乾杯の音頭をとってもらい、ビールケースを積んだ上のダルマに片目を入れたのだった。

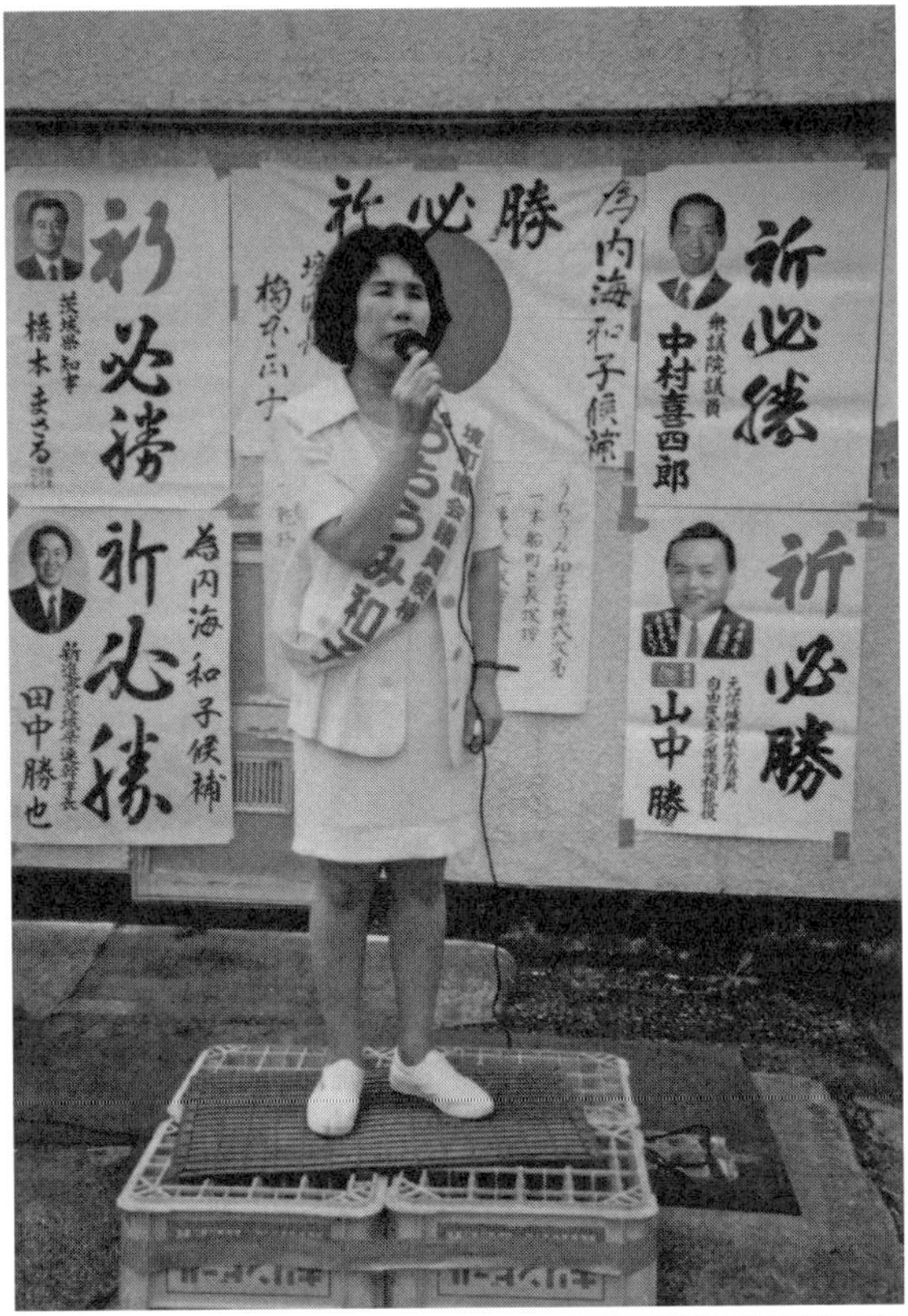

はじめての選挙、
出発式で挨拶する
1995 年 8 月 22 日

選挙カーは中古の
白い乗用車

40年ぶりの女性候補

選挙は昭和の合併から40年ぶりに女性の立候補者が２名出るというので、前日の新聞では「20議席めぐり25人出馬・６新人参入で激戦必至・旧境地区現元新11人がしのぎ・初の女性候補も２人」とあり、25人の顔写真が載っていた。

私たちは公選法に触れないように気を付けてはいたが、まずは私の名前を入れた手製のTシャツを、創価学会の方から注意された。選挙時には名前が入ったものは違反らしい。せっかくTさんのお連れあいがプリントしてくれたというのに。仕方なく私たちは急拠裏返しに着ることにした。

また選挙直前の説明会の時、現役議員から紳士協定として運動時間は７時までで、昼休みは２時間といわれた。私はそれはおかしいと反論し、「みんなに与えられている権利ではないか。８時から８時まで自由でいいのではないか」と言った。すると当時現職であった（のちに町長になったが）Ｎ議員は「前回守らなかった人は落ちたよ」といって笑った。Ｏ議員も説明が終わってからマイクをとって「申し合わせのことお願いします」と念を押すではないか。つまりは、現役の議員は基礎票があるので、悠長なことを言うのだ。新人の私たちには１分でも多く活動しなくてはならないというのに。説明会へ一緒に行ったメンバーも口々におかしい、人権問題だなどといっていた。実際には私たちは当然の権利ということで、これは無視した。新人としてはめいっぱい運動しなくてはならなかったからだ。

楽しかった辻立ち

5日間の選挙期間中、私が街頭に立ったのは60か所を超えていた。第一声は仲町の交差点近くの路上、役場前、各公民館前、各スーパー近くの道路。各行政区の道路。ともかく思いつくままに辻々に立つては演説し、手を振った！

演説の中で覚えているのは「一部の方たちの行政でなく、2万7、500人の住民のための行政にしようではありませんか」（当時は2万7、600ほどの人口であった。現在は2万4、000（2020年））「女性の視点を生かしての20分の1のお手伝いをさせてください」（議員は20名だったので）「子供たちにとってはふるさととなり、私たち大人にとっては永遠の眠りの地となるこの境町を、胸を張って誇れる町にしようではありませんか」等々。そして演説を聞いていた方々や田畑の作業をしている方々、行きかう人々など多くの方々と握手をした。それらは何にもまして、ありがたく、この評判はほんものではないかと暑さに辟易しながらも何かしら楽しいものも感じたりしていた。

ピンクのTシャツでそろえた運動員たちの声は（幾分オバサン色ではあったが）人目を引いたのではないか。また、各所での辻説法は今までにない選挙方法だったので、話題にはなっただろう。後日、その時の演説の言葉に納得し、一票を入れたという女性もいた。たぶんこのような選挙は誰もしていなかったと思う。陰に隠れて金品を配ったり、選挙カーで名前を連呼するだけの選挙が定番であったのだから。住民たちは今誰が議員なのか、誰が立候補しているのかも分からないのだ。結局、訪ねて来た人か、親戚の者に入れるらしい。もちろん全くの手ぶらということはない。選挙時でない時の盆暮れなどに何かしら行っている気配であった。

茶封筒を用意する？

現役の議員の中で、かつて私に耳打ちした議員はこういった。「何しろ茶封筒を用意しなくてはだめなんだよ」。つまり現金のことだ。そうして議員になったところで、生涯そうした選挙をしなくてはならないのなら全くおかしなことと私はその話を聞いた時、一笑に付した。でも案外、本当なのだ。選挙のたびにその議員の田畑がなくなるとある人が言っていた。

この選挙以前には、交通安全母の会の組織の中で、時の町長選のお手伝いを中村幸子会長から依頼されたことがあった。彼女は当時の佐怒賀清町長が同じ地区の人物だったので応援していたのだ。組織動員は慣習的なもので、誰一人としておかしいと思うものはいなかった。これが選挙なのかという思いでいた私は、行政の補助団体でもある交通安全母の会が、選挙応援しては公平さを欠くのではないかという理由で、私の担当である境地区では一切お手伝いはしなかった。（今では各種団体からの推薦という形をとり、完全に組織選挙となっているようだが、私にはいまだに納得がいかない事態だ）

もしかしたら、そんなことが今回挨拶に行ったとき協力が得られなかった理由なのかもしれない。のちに聞くと、その町長選の時は、他の地域では大っぴらに現金が飛んでいたそうだ！（その地区の母の会会員に聞いた話）

あれこれとあわただしく動き回っているうちに、5日間の選挙期間はあっという間に過ぎつつあった。終盤になって、支援者から「K候補がタオルをもって歩いているよ」という連絡が入った。

だからといっていまさらタオルをもっていくような私ではない。地域は違うが、私の友人の議員はタオル一本で警察沙汰になったということを聞いていたので（彼女もクリーンな選挙を実践していたはずなのに誰かに警察へ通報されたようで、実際のところはわからない）、法律は守らなくてはならないと感じていた。大っぴらにこのような選挙違反をする候補者（いつも上位当選していた議員である）がいるということに、いまさらのように私は驚いた。

事務所にはいつも「明るい選挙は私たちの誇り」のポスターが掲げてある。文字通り、クリーンを実践してこその当選でなくては何の意味もないのだ。だから「そうですか」と受け流した。

さらに、PTAで親しくしていた建設業者からは「票が足りないぞ」という電話も入った。「どうして票が読めるのかな」と不思議に思ったが、それを聞いてどうしたらいいのか、分かりもしない私であった。多分茶封筒ということであったのか。それこそおかしな話である。いまさら茶封筒をもって行くなら立候補などしないというものだ。

ともかく、私たちは残暑の厳しさに耐え、水とバナナ持参で、終日、選挙カーの中で汗まみれになっていたのだ。そしてきっちり8時まで活動した。

最後の日はパレード

最後の日は、私たちはメインストリートをハンドマイク片手に名前を連呼して歩いた。この時は娘も手伝ってくれて「母をお願いします」と馴れないながらもしっかりと言っていた。ご近所の方がその姿を見ていて、「家族が応援している姿に感動したわ」とは、後になって聞いたことである。

このパレード（行進？）も私たちが初めてであったと思う。（その後の選挙では定番になっているようだが。）夕方の目抜き通りはお店の方々が出てきてくれて、みんなと固い握手をした。まあ、皆さん義理で出てきたのだろうが、この握手の手ごたえで、本当にその人が応援してくれているかどうかがよくわかった。

暗くなり始めた路地では、見知らぬ人が声掛けしてくれて、とても励みになったことを覚えている。それは一つの感動であった。スタッフはもちろん、ご近所のお手伝いの方々もまかないを終え、ともに歩いてくれた。その反応はとても良かったと感じている。そして奮闘した5日間が終わった。今考えると、よくもみんな頑張れたと思う。まだちょっぴり若かったのだ。本当にみんなよく頑張った！

戦い終えて、まさに日が暮れて……その夜、夫と票読みしながら600票ぐらいで当選かなあなどとのんきに笑いあっていたのだから何ともノー天気ではあった。

翌日は早めに起き、夫と共に投票所へ行った。その時も行き交う人たちは声をかけてくれて、中には「書いてきましたよ」と言ってくれる方もいた。

初めて自分の名前を書くことのくすぐったさが私にはあったが、そんな感慨も瞬く間

選挙事務所の前でパレードの準備、先頭は夫。1995 年 8 月

最終日は町内をねり歩く。1995 年 8 月 26 日

に消え、私たちは投票所を出た。

事務所には午後からメンバーたちが集まっていて、近所の方のまかない班は赤飯の用意などしていた。私は疲れてはいたものの、やり終えたことにほっとした気分で、冗談なども言えるぐらいリラックスしていた。正直、開票結果を待つ間、私はなかまの者たちとはどう過ごしたのかよく覚えていない。みんな心配そうな顔をしていたが、あの沿道での声援を私は受けとめていた。

結果が確定するまでは結構な時間がかかった。8時で締め切り、それから開票ということで最終的に票が確定したのは10時近くであった。そして……。

まさかの落選

まさか落選！「えっそんな……」と声にならない思いがあった。自信があると思ってはいた一方、うすうす不安を感じていたが、それが現実になったのだ。

失意の私に、娘からの電話があり、「だめだったよ」と言う私の目に熱いものがあふれた。娘は選挙の最終時の行進でも声を張り上げて応援してくれていただけに、がっかりしていたに違いない。それは温かくもしょっぱく苦い涙であった。

思えば暑い日々であった。天気のみならず、熱い思いでの挑戦であった。そして長かった。まさにロング・ホット・サマーである。

静まり返った事務所の雰囲気は一転して悲痛なものになっていた。

「落選はひとえに私の不徳といたすところ……」と陳謝しながら、「どうしてこうなったかわかりません」などといっていたのだから、選挙通の方から見たら、「何をのんきなことを」と思ったに違いない。しかし私には信じられない結果であったのだ。

ここで初めて、評判がいいということは危険なのだと知った。選挙の落とし穴に、はまってしまったということか。どう考えても意味が分からなかった。この意味も分からず闘った自分がなんとも歯がゆく、情けなかった。

それにしても、あの住民たちからの声援はどこへ行ったのか。ある人は言っていた。畑のあぜ道を走って握手をした有権者たちはどこへ行ったのか。ある人は言っていた「JC（日本青年会議所）のOBたちが意気地がなく出られないところに内海さんは出るのだから大したもんだよ」。またある人は「議員はみんなダメなんだから、正しいことを言う人が出ていく必要がある」と言ってくれた。でも皆さん陰ながらだったということか。

協力してくれた多くの方々、そしてメンバーのみんなには、ただただ、本当に申し訳ない思いでいっぱいであった。

それでもその夜、みんなが帰った後の静まり返った事務所の中で、夫は言った。

「268人の人がユー（いつもの私に対する言い方）の名前を書いてくれたんだよ」

そうなのだ。その数字はこの町では小さいものだけど、見ず知らずの方もいるはず、公民館の座席以上の数にも匹敵するこの数の人が自分の名前を書いてくれたのかと考えると、そのことに私たちは感動するのだった。

この落選は、後から聞くと、ある程度決まっていたことのようで、後日、隣町（猿島町・現坂東市）での会合で、ある男性が、「あんたが落とされた人か」と言って興味深そうに私に近寄ってきた。「それってどういうこと？」と聞きたかったが、当時の金権体質の保守的な地盤を考えると、さもありなんというところかと考えてしまい、言葉にはならなかった。そのように興味本位で近づいてくる男性方には正直不愉快なだけだった。

よく男性方が「だから女は」と言う、格好の餌食になったのではないか。これが選挙なんだといわんばかりであった。自分の認識の甘さはあるものの、まったく知らない他地域からのそのようにさげすむような言われ方をされるのは不愉快としか言いようがない。

選挙の仕組

ともかく、選挙は別物ということがよく分かった。つまり、政治姿勢や人柄ではなく、モノや金を配った方が当選する仕組みがあったらしい。

選挙前に地元の建設関係の方と話したことが思い出される。時の体制側のその建設業者はたぶん町長に言われてきたのだと思う。

「内海さんは評判もよく、クリーンなイメージだから600票ぐらいはとると思うよ。町長派になって、当選したほうがいいのではないか」と彼は言う。

この時、世渡りのうまい方なら、口先だけでも「ハイそうします」といえたのかもしれない。けれども何分にも私には、当選するかどうかもわからない段階で、初めからカラーが決まっている身など考えも及ばなかった。それに、そうすることは立候補の動機とは裏腹のことだったからでもある。カラーに染まって立候補する意味はなかった。純粋に住民の代表として行政とのパイプ役を、物言えない方々の声として届けることが私の役目と考えていたからだ。

この268票という数字は誰からも支配されない方々が私を信じて入れてくれた数字だ。親戚も少なく、地元出身でもない、しかも女性である私を信じての数字なのだ。かろうじて最下位ではなかったが、同時に立候補した女性のSさんは次点の366票だった。彼女は地元の整骨院院長夫人であった。出身は地元ではないが、親戚も多く、元議員を輩出した一族でもあった。やはりネームバリューが違うのだ。

ちなみにその時の投票率は男性80・1パーセント、女性83・6パーセント、である。総数1万6812票のうち無効票は181であった。

後日、中村幸子母の会会長に、町でばったり出会ったことがある。その時彼女は笑顔で、「お疲れ様、残念だっね」と言ってほっとしたような表情をしていた。彼女にとっては私が落選したことのほうがよかったのだと、その時私は確信した。

そして4年後の私の当選を知ることもなく鬼籍に入られたことは本当に残念なことであった。まだ60代前半の若さであった。

選挙事務所にて。1995 年 8 月

支援してくださったご近所の皆さん。1995 年 8 月

中村会長とは「明るい選挙推進委員会」のことでは口論もしたが、郷里の長野県から送ってきたという杏を持ってきてくれたこともある。何よりも研修旅行では会員のみんなを和気あいあいとさせてくれた思い出がある。たくさんの行政の役を引き受けていて、女性としては町の代表でもあった。それも今は懐かしい思い出となってしまった。

交通安全フェスティバル、先頭は中村幸子母の会会長と内海

2　再びの挑戦へ向けて準備する

男の選挙をしてはいけない

落選後の私は自分ではさほど参っていると思っていなかったのだが、はた目にはかなり落ち込んでいるように見えたらしい。

確かに、その後1年間は住民に対しての不信感やら、自分の反省やら、で悶々とする日々であった。

落選後も『アモルファス』を発行していた私たちであったが、その中に当時の落選後の石川洋子さん（水戸市）の思いが『アモルファス』に残っている。出発式に遠く水戸市から駆け付けてくれた方である。

（前略）この人を境町の40年ぶりの女性議員に送りたかったなかまの皆さんの思いは、痛いほど私の胸に伝わった選挙戦であった。文字通り「理想選挙」に徹したアモルファスの皆さん、本当にご立派でした。すべて手作りのボランティアでしたね。ご家族や仲間に支えられて慎ましく、清らかな選挙戦を戦い、300人近い方の信任を得られた内海さん、敗れたとはいえ、何物にも代えられない大切な宝を得られたといってよいでしょう。どうぞこれを一生大切になさってください。選挙はきれいごとでは済まないかもしれないが、女性が「男の選挙」をしてはいけない。内海さんが投じた一石は大きいです。（1995年『アモルファス』14号）

女性として、その思いを確かにくみ取ってくれた、この彼女の思いを無駄にしないためにも、また協力してくれたライフ・ステップ・サークルのメンバーつまり「うちうみ和子となかまの会」の皆さんの思いに応えるためにも、そして268票の支援者の町に対する思いを受け止めるためにも、何かしなくてはならないと考え続けた。

大学で学ぶ

この落選の前後に、私は「フェミニスト・カウンセリング」を学び、その関連で早稲田大学の社会人学級の講座「健康心理学」を学んでいた。早稲田大学へは電車を乗り継いで往復5時間の授業であったが、週1回でもあり、何とか4年間通った。それというのも、高校卒業後、家の事情で就職の道しかなかった私には一番勉学したい憧れの大学であったからだ。

キャンパスでは乙武洋匡（おとたけひろただ）さんをしばしば見かけた。彼の小学校の先生が私の恩師である高木先生とはその時は知らず、後日先生からの手記を読んで知った。高木先生の葬儀の時には遅れていった私に、「乙武さんも来ていたよ」と、幼友達は言っていた。早稲田の交差点で、信号待ちしていた乙武さんの姿は今も忘れないが、当時は声をかける勇気はなかった。

そしてまた、私たちは「生活と健康を守る会」を立ち上げた。折から、アメリカのレイチェル・カーソンの『沈黙の春』が刊行され、農薬による環境汚染が問題になっていた。「止めようダイオキシン！」の運動が盛んであったのもそのころで、農薬問題とともに、脱焼却を私たちは提唱した。焼却することによって、ダイオキシンが出るということ、特に塩ビ製品はよくないということなどを、私たちは学習していた。

「生活と健康を守る会」発足

「生活と健康を守る会」は１９９７年12月に発足、千葉県立衛生短期大学の佐藤禮子さんを講師に迎え、第１回の勉強会を開催した。その様子は茨城新聞、東京新聞、常陽新聞、下野新聞等に掲載された。この活動は茨城県全体への呼びかけとなり、30名ほどが参加した。当時の三和町、古河市、筑西市、結城市、かすみがうら市、また遠くは水戸市からも参加者が集まり、その後は、古くて狭い我が家で、会合を重ねていた。特に、消しゴムなど子供が使うものによく使われている塩ビ製品の排除を提唱した。燃やすとダイオキシンが発生するのである。後に選挙の事務長をしてもらった結城市のＳさんは、大手企業に勤めていた方で、かなり詳しい資料を用意してくれた。

その内容をチラシや広報紙にして、各所に配布した。

当時の境町環境センター（ごみ焼却場）のダイオキシン濃度は県下35か所中、ワースト3位であったので、タイムリーな活動であったと思う。のちに議員となった時、この学習がどのくらい役立ったことか。境町の幼稚園の土壌検査、ごみ焼却場のダイオキシン対策など行政に訴えることができた。

『傍聴席』を発行する

一年後、私は境町議会を傍聴してその傍聴記録を広報しようと考えた。なぜなら、住民のほとんどは行政に対して無関心であったからだ。

当時市民オンブズマンに参加していた私は、税金の使われ方に関心を持っていた。それにはまず町を知らなくてはならないと考え、発行した機関紙『傍聴席』では、桜土手の「道祖神群」（今も桜並木の一角に雑然と積まれていてかなり傷んでいる）、建設中の特別養護老人ホーム「ファミールさかい」（現在は100床に増床して、境町の有用な介護施設となっている）、出来上がったばかりの「ショッピングモール・フィズキンカ堂」（現在の御老公の湯、ドンキホーテ）、高瀬舟「さかい丸」（春から秋にかけて遊覧就航している）、そして利根川対岸の「関宿城」（資料博物館で千葉県の施設）など、また町の祭りや更生保護女性会（私が境地区の初代会長であった）の活動など、それぞれに自前の写真を取り付けて、発行していた。その創刊号に発行の趣旨が書かれている。当時の私の考え方がわかるものなので、ここに披露しよう。

よりよい地域づくりのために

傍聴席

創刊号

── 住民側からの議会傍聴報告 ──

1996. 7. 1.

発行者　うちうみ和子
住　所　〒306-04
猿島郡境町1677-3
☎＆fax　0280-87-1032

子供たちにとってふるさととなる町、そして私たち大人にとっては永遠の眠りの地となる境町。私たちをとりまくあらゆる環境の浄化を願って、住民側からの真摯な報告と致します。

発刊にあたって

内海和子

地方分権が叫ばれている今、私たちは自分の町の行政の仕組みをどの位知っているでしょうか？又、私たち住民の代表である議員さん達はどのような言動をしているのでしょうか。

昔、桜土手だった所がいつのまにか住宅地になってしまったり、桜が美しい公園がいつのまにかなくなっていたり、田んぼだった所に大きな公園が出来たり、…建物は溢れるほど出来ていてもそれを利用する人口が一向に増えないわけは？…行政に対しての質問は数えたらきりがありません。

私は昭和五十八年頃より境町の議会を傍聴しております。その中で一住民として感じたことは山ほどあります。それらの資料をもとに私なりの視点で、傍聴席からの議会報告をしたいと思います。開かれた議会こそより良い町づくりに欠かせないものと信じるからです。

この町を良くも悪くもするのは、私たち一人一人の住民の「思い」ではないでしょうか明日の子供達のために、娘や息子が帰ってきたい町とするために、より良い環境を残したいと思うのは私だけではないはずです。

先行き不安だらけの日本ですが、この時代だからこそ、本当の私たちの町に対する「思い」は何なのか。共に考えていけたら幸いに思います。

この町に住む者の責任として、心から、真摯に、このレポートをお届けします。

昔の桜土手にあった道祖神たち
現在の桜並木沿いにひっそりと
（住吉町）

議場風景

町議会を傍聴したことのない方のために
6月11日（火）の本会議（一般質問）
の様子をお知らせします。　全議員２０名 出席
執行部１０名 〃
事務局 ２名 〃

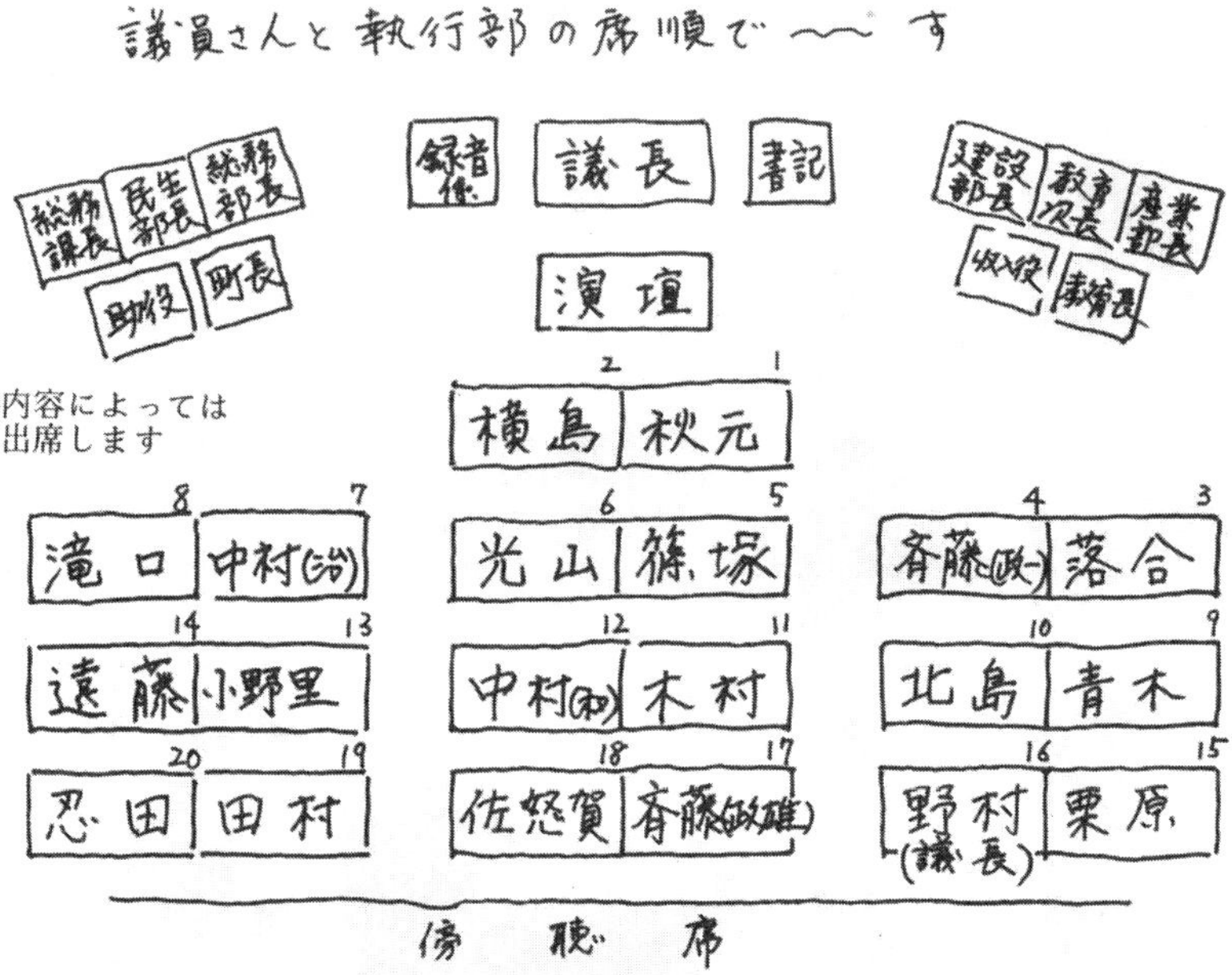

※
なお審議内容によっては
各課長が出席します

平成８年第２回境町議会定例会は６月４日より１３日までの１０日間で、内７日間は議案調査のため休会。本会議は３日間でした。一般質問者は３人で、以下にその要旨を報告します。

秋元議員

Q：ふれあいの里公園の運営と管理について

A：運営は教育委員会、管理については「公共清掃管理公社」を作り、委託する。予算は年間五六〇万（主に人件費）又、ボランティア組織を結成する計画もある。

Q：桜の名所の中心はどこか？公園を拡張計画はあるか？

A：各公園に種類の違う桜を植え、ネットワーク化し、順次桜が楽しめるようにする。

迷惑かん元事業の桜の森公園（宮本町）にはぼたん桜を予定しているとか、楽しみですね！

北島議員

Q：ゴミの不法投棄、不法盛土に対する指導、ポイ捨て罰則条例の制定について

A：ゴミ散乱防止条例（罰則条項）の条例化を進める。（個人、事業者に対して）町民への現況周知、看板設置、パトロールの強化を行っている。産業廃棄物については監視員、（各行政区長）を設置、又、残土条例を実施、効果をあげている。

伏木の大照院近くの粗大ゴミは、2トン車で45台あったそうだ。片付ける費用も大変！誰がするのかしらね？

『開かれた議会をめざす会』発足
― 東京都文京区 ―

去る、五月十二日（日）文京シビックセンター（東京）に於いて「開かれた議会をめざす会」（代表若林ひとみさん・文京区議）が結成された。

官々接待、談合、カラ出張など行政の無駄遣いが市民団体などの調査で明らかになり、今や国民の怒りは頂点に達している。本来、住民（納税者）代表として行政監視を行うべき議員が責務を果たしていないばかりか、自らが厚遇や特権に甘んじている現状、更に議会が情報公開の対象外になっているためと言える。

「開かれた議会をめざす会」では議会運営のあり方の検証を行い、明らかになった問題点などを市民と議員に向けて情報発信していく事となった。発足式には志しを同じくする全国の議員と市民約八十名が集まった。

議員自らが議会の機能と議員の資質を問いかけ、市民と共に活動していくことは失われつつある日本の政治と政治家への信頼の回復への大きな一歩になるだろう。

なお、午後から開催された結成記念シンポジュームには約二五〇名の議員と市民が参加して活発な論議がなされた。

一言インタビュー

新収入役
福田吉晴さん

四十代の収入役ということで大変話題になっているのですが今のご感想をお聞かせください。

『職責に年齢は関係ないと思います。広い範囲の知識が必要ですので、今は毎日が学習です。町長と同席の機会が多く、町長の以外な人柄が感じられ、楽しく仕事をさせてもらってます。境町の意識を変えていけたらと思っています』

境町特別職及び議会議員の報酬

町　長	808，000	議　長	364，000
助　役	635，000	副議長	331，000
収入役	585，000	議　員	315，000
教育長	571，000		

なお交際費として　町長430万　議長130万　がある

忍田議員

Q：医療の無料制度を三才まで拡大してはどうか？

A：国の方針に沿って、平成九年一月より二才児まで無料とする。

Q：文化村にあるホテルについてどう考えているか？

A：昭和五十年の整備計画以来の懸念。所有者と経営者が違うこと、移転先の受入れ問題等があるが、今後とも取り組む。

赤ちゃんて誕生すぐてから病気するのよね、是非三才までの無料化を実現させてほし〜いですね。

道路計画のため半分になった
桜が丘公園（宮本町）

あの日あの時

昭和62年4月28日
朝日新聞より抜粋

『境町は二期八年が節目。現町長の三選阻止』をスローガンに、返り咲きをめざした元町長の橋本正士氏（五八）。予想以上の大差をつけて、八年ぶりに町長の座を射止めた。

　橋本氏は『立ち遅れたが、支持してくれた猿島地方農業共済組合、境東部土地改良区など皆さんの死に物狂いの運動により、手ごたえ十分で、負ける気は全くなかった』と二十七日、自信のほどを明かした。そして『真の対話とガラス張りの町政を展開、失墜した町政の信頼を回復し、豊かなまちづくりに努力する』と抱負を語った。

ガラス張りもいろいろあります
　透明のガラスか
　くもりガラスか
そういえばこんな歌
　ありますね
『くもりガラスを手でふいて
あなたあしたが見えますか
愛しても愛しても
ああ…………
』

通算五期目の橋本町長さん、同じく五期目の福島県棚倉町の女性町長、藤田満寿恵さんに負けずにがんばって戴きたいものです。

（棚倉町は『ルネッサンス棚倉』の町づくりで注目されている町で、スポーツ、文化、保養、研修の施設がぜ～んぶある「超多才テーマパーク」の町です）

おどろき

　ここ十数年議会傍聴をしていますが、一番驚いたのは居眠りを始めた議員さんがいたことです。（数年前）確かに審議はながながとして退屈といえば退屈なのですが、よりによって私たち傍聴者がいる前でしなくてもね！

　会社休まなくちゃ来られない私たち傍聴者に比べたら、タレント並の報酬を得ているのですから、もう少し働いて戴きたいものですね。もっともこのぐらいの度胸がなくては議員になれないということかもしれませんが。なんとも、おどろき、桃の木、さんしょの樹でした。

Let's 議会傍聴しませんか？

　町政のこともっと知りたいと思いませんか？「議会だより」でもわかりますけど、行政の現場を見るのはとても面白いですよ。

私たちに代わって奮闘して下さる町長さんや議員の皆さん、そして職員の皆さんがどれ程、町や住民を愛しているかがわかるってモノデス。

一緒に議会を傍聴しませんか？

定例会は年4回（3・6・9・12月）
委員会の傍聴もできます。

詳しくは議会事務局、または内海まで
お問い合わせ下さい。　（☎ 87-1032）

企画　うちうみ和子となかまの会

なかまも募集中
で〜す！
FAXも可

地方分権が叫ばれている今、私たちは自分の町の行政の仕組みをどのくらい知っているでしょうか。（中略）私は昭和58年頃より境町の議会を傍聴しております。それらの資料をもとに私なりの視点で、傍聴席からの議会報告をしたいと思います。開かれた議会こそより良いまちづくりに欠かせないものと信じるからです。（中略）先行き不安だらけの日本ですが、この時代だからこそ、本当の私たちの町に対する「思い」は何なのか、ともに考えていけたら幸いに思います。この町に住む者の責任として、心から、真摯に、このレポートをお届けします。（1996年7月）

皮肉なことに、落選したことによって、立候補した勇気を認められ、新しい友人たちもできていた。傍聴する者は多くはなかったが、議会の内容には興味を持ってくれていた。

年4回の議会のたびに、私はその傍聴の様子を平たく述べ、一般質問者の一問一答を載せ、また、議員報酬や席順なども載せ、傍聴する資料となるよう配慮した。『傍聴席』2号には1年が経過した私の思いを載せている。

昨年のあの熱い思い（選挙）の時からもう、1年が過ぎてしまいました。（中略）その思いとは「政治家あるいは政治を目指すものは、真面目に住民のことを考え、私利私欲を捨てて働ける人でなければならない」ということです。なぜなら政治は一握りの優秀な人たちだけのものではなく、生活するすべての住民のための環境づくり」でなければならないからです。

折からお隣の総和町では若い方の地道な活動が認められ、見事、町長に選ばれました。（中略）時代は少しずつ、穏やかではあっても、民主的でクリーンな方向へと変わりつつあるのです。

（中略）政治に対する無関心は、結局、住専問題、国鉄赤字問題、そして消費税値上げという、私たちの貴重な財産（税金）を減らすことになるのです。

時にはキンモクセイの香りに誘われて境町を散策するのも、町政に関心を持つ、一つの方法かもしれません。きっといろいろな発見がありますよ。

境町のキンモクセイの季節が今、めぐってきました。（1996年10月）

「フッーの感覚でわからない『政治』って何？」

そしてさらに3号では「フッーの感覚でわからない『政治』って何？」となっている。当時の議会に対する思いや、世情がわかるので載せてみる。

（前略）過日、女性同士の交流会で、近隣の某女性議員にお会いしました。ほんの少しの時間でしたが、彼女は議員になった当初の感想を、「まるで化け物屋敷に入りこんだようでしたね」といっていました。つまり『言っていること』と『やってること』があまりに違いすぎるのだそうです。それを聞いて私は、親しくしている女性議員が初当選後こう言ったことを思い出しました。「まるでやくざの世界にいるようですよ」と。

（中略）昨年の衆議院選挙においては問題を抱えた人が当選しました。また高級（高給？・貢求？）官僚や政治家たちの不祥事が続いています。

一方厚生年金・健康保険・医療費、そして消費税アップと生活費は値上がりします。国民一人当たり３５２万円の借金、家族では１千４０８万円というこの膨大な借金はいったい誰が仕組んだのでしょう。フツーの感覚でわからない政治っていったい何なのでしょう。

せめて私たち住民は、選んだ議員さんが化け物ややくざにならないよう見守っていこうではありませんか。選んだ側の責任も感じあいたいものです。（１９９７年1月）

何やら今（令和）のご時世とあまり変わりありませんね。

「何かおかしい今」

さらに5号では「何かおかしい今」と題して当時の社会状況や、私の政治に対する思いが書かれている。これらは結局私が政治家（と呼ばれるほどの立場ではないが）に変身する土台となった思いであるので、載せておく。

（前略）「末は博士か大臣か」といって勉学にいそしみ、真面目に生きてきたにもかかわらず、最近の世の中は何かおかしいですね。目標となるべき博士や大臣、企業のトップたちの不祥事が後を絶たず、警察官や教師までが「お前もか」といいたいぐらいの情けない社会になってしまった今、神戸での小学生殺人はあまりの異常さに、ついにここまで来たかという、絶望にも近いものを感じてしまいます。（中略）

戦後50年をかけて学んできたはずの自由と民主主義社会のひずみが、今噴き出しているのでしょうか。いずれにしてもこのように不条理な世の中になってしまったのはいったい誰のせいなのでしょうか。私にはどうしても、生活と健康を守るべき政治家たちのせいに思えてならないのですが、皆様はいかが思われますか？

（1997年7月）

こうして私の胸の中で、行政への不満と政治への不信感がふつふつと高まっていった。各所で様々な声も聞こえた。一度落選しただけでめげてはいけない。本当に思いがあるのなら、何度でもやるべきではないか。確かにそのために傍聴し、広報活動しているのではないか、という思いが募った。そしてそれは、なかまの者も同じだったと思う。落選後の4年間はこうして矢のように過ぎていった。

3　2回目の挑戦――支援の輪に助けられて

「お茶の間こんだん会」を開く

二回目の挑戦は私以上に周りが盛り上がっていた。親しくしていた県西ニュースの遠藤正武さんは前回落選したとき、「この数字を当選ラインにもっていくのは難しいな」といって難を示していた。そうかもしれない。何しろ倍以上にしないといけないのだから。この保守地盤の選挙の中で、どうあがいても倍増は難しいというものだった。

それでも、前回の落選で知ったのは、女性だけでも選挙ができたということ。曲がりなりにも従来の慣習にとらわれることなく、できたということ。そして何よりも、選挙を身近なものと感じることができたではないか。手さぐりではあったが、女性たちによる、手作りボランティア選挙、しかも本当にクリーンな選挙ができたではないか。これは私たちが目標とした二つの目的の一つ「モノカネ」の選挙でなく、人物本位で選ぶ、クリーンな選挙への改革の第一歩なのだ。

そしてもう一つは女性の視点の導入である。女性の視点がいかに必要で、求められているかが、選挙民へ伝わったのではないか。二つの目的はほぼ達成したといってもいいのだ。あとはいかに当選に導くか。これには支援してくれる方を増やす以外に方法はない。何しろ同級生はいないし、親戚は少ないのだ。

友人たちといえば、PTAや交通安全母の会で知り合った方しかいない。お茶の間こんだん会のメンバーも10人ほどしかいない。

どうしたら支援者を増やせるのか。

そこで私は自宅の事務所で、再度、ほとんど毎週のように「お茶の間こんだん会」を開くことにした。前回に引き続いての「なかまの会」メンバーによるものでもあり、各地域へお邪魔してのもの、あるいは自宅事務所でのご近所の方を集めてのものなど、チラシを作り、集会を重ねた。

主宰している「生活と健康を守る会」では公民館を借りて「止めようダイオキシン」の会合を開いた。当時の茎崎町（現つくば市）町議で、環境問題に詳しい村井和美さん、そして当時EM菌の普及に熱心であった境町の相良正子さん（前回町議に立候補し次点であった）に参加してもらい、私が司会でシンポジウムを開催した。

それらの会合で、私は多くの住民の方々から町への不満や要求等の意見を聴いていた。このことは以後の議員活動の財産になったことは言うまでもない。

また、前回は女性のみで行ったが、今回は男性方にも応援してもらうことにした。この保守地盤ではまだまだ、女性たちのみの運動は信任されないと考えたからだ。選挙事務局長を結城市のSさんにお願いした。彼は「生活と健康を守る会」で事務局長をしてくれた方で、大手企業にいた方である。

選挙カー準備には猿島町（現坂東市）の木村陽司さん（猿島の税金を考える会主宰）に頼み、なかまの会の伴侶方には選挙カーの運転手をお願いした。看板やタスキ等は前回の選挙時と同じで手作り。まかないも近所の女性たちに任せた。この時、町内で立ち上げていた夫婦の旅行会「マイルド会」はとてもありがたかった。お菓子や飲み物の差し入れなどしてくれ、事務所へ来る支援者たちへお茶出しをしてくれたりした。私が安心して選挙に打ち込むことができたのもこのメンバーを含む、まかないの女性たちがいたからである。本当にお世話になった。

今回の出発式も本船町の真ん中である、旧車庫前の小松原さんの駐車場で行われた。キックオフと表現していた。

2回目のキックオフ

今回は本船町の老人会長であった荒井五郎さんに後援会長になってもらい、副区長の荒川博さんには前回同様、区長代理としての挨拶をしてもらった。

今回は前回のピンク色ではなく、オレンジ色のTシャツをそろえた。オレンジ色にしたのは先の古河市長選で、酒井輝代さんがオレンジをイメージカラーとしていたからで、また広報紙『傍聴席』もオレンジの紙で発行されていたということもある。そのために私はオレンジ色のスーツを買っていた。

夫の司会進行で、まず後援会長の荒井五郎さんの挨拶、副区長の荒川博さんの挨拶、そして来賓には「生活と健康を守る会」の会合でパネラーになってもらった当

生活と健康を守る会
境町ふれあいの里ギャラリー夢2F。1999年

時の茎崎町議の村井和美さんと前結城市議の大沢紀代子さん（故人）そして私の立候補表明となった。

そのほか来賓というよりは他地域からの外野応援団ということで、生協茨城猿島支部役員の磯川桂子さん、三和町史編纂委員のむらき数子さん、三和町アースボーンメッセージの緑川みちよさんなどが来てくれた。いずれの方も選挙運動を手伝ってくれた方々である。特にむらきさんには今回の立候補表明の挨拶文の草稿、政策の提言など大変お世話になった。議員になってからも一般質問事項の提案など、教えてもらうことが多かった。感謝している。

心のこもった為書（ためがき）に勇気づけられて

ご近所からは本船町、坂花町の皆さんが集まってくれた。事務所には時の国会議員、県議会議員、近隣の総和町、三和町、そして境町から各首長たちの為書でいっぱいになっていた。この為書というのは立候補する人の名前を入れて「必勝」と大きく書かれているもので、大方政治家の名前を売るためのペーパーである。それに比べたら、私たち市民派議員の応援としては、市民活動家からそれぞれの思いの言葉が書かれていて、手書きのそれは立派ではなかったが、心がこもったもので、私はいただいたものすべてを部屋中に掲げていた。

一部を紹介しよう。

「内海和子さんを応援します。きれいな選挙で勝利を！」元参議院議員紀平悌子（故人）

「女性議員の実現を願っています」戦争への道を許さない北・板橋・豊島の女たちの会
「女性が動く、地域が変わる」筑西市議藤川ねね
「今度こそ内海和子さんを傍聴席から境町議会へ送り出しましょう」北区地域福祉を考える会有志
「勇気ある内海和子さんへ男性もご支援ください」結城市議大沢紀代子（故人）
「輝いて町政に熱き心つなげよう」茎崎町議村井和美
「議員が優先席に座る時代はもう終わりです。私は内海和子さんに期待します」フリーライター橋立多美
「今まで積み重ねてきた見識と行動力で境町に21世紀の新風を吹き込んでください。ファイト！」小山市議安藤良子
「住民代表として労を惜しまず、真に住民のために仕事をする議員の仲間となってくださることを心からお祈りいたします」文京区議若林ひとみ（故人）

そのほか、生活と健康を守る会、二期会（明日の地方づくり委員会ＯＢ）、猿島の税金を考える会、地元本船町の皆さんの寄せ書き、そして岩瀬房子さんが代筆で書かれた市川房枝さんのお言葉「女性の参加なくして、民主政治はない」を前面に出していた。

これらの檄文は本当に私を勇気づけてくれた。選挙は一人で

紀平悌子さんと「平和・沖縄問題を考える会」にて。
2000年8月1日　衆議員会館

はできないことをひしひしと感じさせてくれたものでもある。4年前の初選挙では考えられなかった支援者の広がりがあった。他地域の方が多かったが、それは私の4年間の活動そのものでもあった。

汗と渇きの5日間

この選挙も残暑厳しい8月であった。前回同様、汗と渇きの5日間、そして自分の主張が各所の演説で、確かになっていった5日間でもあった。

事務長のSさんは過去に選挙を手伝ったことがあるというので、緻密な日程の計画や、ボランティアしてくれる女性たちの割り振りなど、的確に行っていた。それは前回の計画よりずっと具体的に計画されていた。彼は町内の各所に行って、私の評判を調査していた。過去の経験から、評判のよさを感じていて、早くから当選を確信していたという。私はただ夢中で、5日間体調管理に気を付けては一日一日が無事に終わることを願うばかりで、事務長のSさんや、後援会事務長のKさん、そして選挙カーの管理をしてくれた猿島町の木村陽司さんなどにほとんどをゆだねていた。むろん夫も5日間運転手や事務所の手伝いなど予備のスタッフとして全面協力してくれていた。

ともかくも、前回評判良くも落選であったので、今回は最後まで、気を引き締めていたのは確かだ。

選挙カーの看板も新しく、オレンジの背景に黒字で「うちうみ和子」と書かれていて、夕方には明かりがつくようになっていた。これは画期的なアイディアだった。8時までの夕闇の中でとても目立ったのではないかと思う。これらは猿島町の木村さんが考えたことである。彼は前回に続いての選挙協力であり、お茶の間こんだん会のメンバーでもある。

ほぼ計画通り日程の5日間の選挙運動を終え、審判を仰ぐ時が来ていた。開票の結果を待つ間、ご近所のお手伝いの方々と談笑しながらも、実は上の空のところがあった。前回落選している私にとって、これは2度目の審判である。これでまた落選なら、私はもう選挙には出ないと覚悟していた。

当選!!

緊迫した空気の中、開票場を見に行ったスタッフから、当確の連絡が入った。一斉にわーと拍手が起こった。私はなかまのKさんと思わず抱き合った。そしてウグイス嬢を積極的にやってくれた三和町（現古河市）のMさんとも。彼女の胸はいつにもまして熱かった。良かった。良かった！

集まったご近所の方々も口々におめでとうと言ってくれて、これで本当に私の思いが伝わったのだと感じながらも、無我夢中でありがとうを言っていた。

その後のことは夢中でよく覚えていないのだが、『県西ニュース』にその時の様子が書かれているので引用する。

内海和子さん（57歳）の事務所（同町本船町）は初当選でわきかえった。内海さんは、17年間町議会を傍聴し続け、「我が町にも女性の声を」と叫び続けてきて、前回（落選）の二倍以上得票。イメージカラーのオレンジ色のスーツ姿で、「やっと二度目でVゴールできました。本当にありがとうございました。」と、運動員支持者たちに、何度も頭を下げていた。女性同士で抱きついて喜び、花束贈呈、乾杯と深夜まで感激と喜びにひたっていた。（1999年8月31日号）

そして、支援者を前に当選の挨拶をするときも、自分でも意外に冷静に「自分の政策を行う上で、時には体制派になるかもしれません」などといっていた。美辞麗句ばかりいう候補者の中で、こんなに正直者はいなかったのではないか。のちにそれほど気にしなくても良かったとわかるのだが。いずれにしても、当選の実感はなかった。

実感できたのは、当選証書が届いてからであった。恭々しく夫から当選証書を受け取る私の姿が写真に残っている。

この勝利は私一人だけのものではなかった。今まで様々な活動で協力してくれた、ライフ・ステップ・サークルのメンバーつまり「うちうみ和子となかまの会」の女性たちのものでもあった。（この会合は議員を辞めてからもしばらく月2回我が家で「お茶こん」と称して開催していた。）

この中で、前回に引き続きお手伝いしてくれたのはKさん。看護師の職場を5日間休んでの支援をしていただいた。運転手をはじめ、宣伝カーのアナウンス担当いわゆるウ

1999 年 8 月初当選

初当選！ なかまの会とご近所の皆さん。1999 年 8 月 29 日

グイス嬢、道案内、演説場設定等、初回の立候補時から協力していただいた。後に聞いたところによると選挙を手伝い、同時に看護師の資格取得の勉強をしていたという。そのエネルギーに脱帽。

同様にFさんも事務方を一手に引き受けてくれて、パソコンが得意でない私に代わって、支援者の住所録を作成してくれた。この住所録はいまだに役に立っている。また、当初の選挙では自前のチラシを作つてはご近所にTさんとともに配ってくれた。

Hさん、Kさんも同様に初めからの同志で、事務的なことから電話係まで、様々なことに気を遣ってくれていた。この4人のなかまは今もつながっていて公私ともに信頼できる友人たちである。その後の何回かの選挙時に同じように手伝ってくれているのだから、本当に感謝以外の言葉がない。もはや友人の域を超えているのだ。

そして地元本船町の塚原章吾区長、老人会長の荒井五郎さん、また、当時結城市在住で事務局長をしてくれたSさん、挨拶文など書いてくれた当時三和町在住のむらきさん、同じくパンチのきいたウグイス嬢として活躍してくれた緑川さん、選挙カーの整備をしてくれた現在の坂東市在住の木村陽司さん、そのほか選挙カーに乗って手を振り、応援してくれた本船町の女性たち。まかないをしてくれた女性たち。皆さんのおかげに他ならない。本当に本当に、感謝、感謝である。

初の女性議員誕生

『県西ニュース』の1999年9月20日発行の記事には次のように載っている。

市町村合併で、境町が誕生して44年間女性議員のいなかった同町で、初の女性議員となった団体代表（生活と健康を守る会）内海和子さん（57）（同町本船町）。「私はお金をかけないで当選した。お金をかけなくても当選できる。私のようにお金をかけないで立候補する人がどんどん出てほしい。若い人、サラリーマン、障がいのある方も立候補してほしい」「自分のためでなく、町のため、町民のために立候補する人が増えてほしい」と話した。内海さんは前回立候補したが、２６８票で落選。今回の初当選は『傍聴席』（町議会を傍聴して）のミニコミ紙を、年４回発行、12年間継続して町民に訴えた、町内を頻繁に歩いた、「生活と健康を守る会」の会長、茨城市民オンブズマンの会員で、選挙運動を男性も手伝った、ことなどが勝因。

東京に事務局のある「開かれた議会」の会員で、東京で政治を勉強し、「女性の立場をもっと理解してほしいと、つねづね思っていることを実行できるスタート台に、やっと立てました」と、ほっとしていた。

その夜、支援者たちとリラックスしながら、事務局長を引き受けてくれたSさんや政策や挨拶文を推敲してくれた三和町（現古河市）のむらきさんと笑顔で、様々なことを話し合った。

Sさんは克明に各所で聞き込みの調査をしていて、大丈夫だと確信していたというから本当にありがたかった。彼は私が当時参加していた「市民オンブズマンいばらき」の代表幹事を務めた方でもあり、活動仲間でもあった。そのご縁で快く引き受けてくれて、他地域であるにもかかわらず、本当に真摯に対応してくださった。のちに御礼にうかがったところ、菓子折りさえも受け取ろうとせず、ただ「よかった」といってくれた。彼には環境問題でも多くの科学的な知識を教えてもらったことでもあり、無理やりの菓子折り一つで支援してくれたことは、生涯忘れられないこととなった。

またむらきさんは東京北区議の古沢くみ子さんの支援をした経験から、実用的なアドバイスをしてくれた方で、本当に喜んでくれた。その後も議員活動時では様々なことを教えてもらった。今も東京調布市で市民運動に励んでいるタフな女性である。彼女のおかげで当選したとも考えられるほど、言葉の使い方が卓越していた。優しい言い回しは男性にないもので、分かりやすく、謙虚であったのだ。彼女は三和町の町史編纂をされた方で、境町でも町史編纂に関わっていたこともあり、私にはない表現で、確かにわかりやすい文章であった。彼女にも本当に感謝である。

この当選は、当時「ノストラダムスの予言」で1999年7の月に世界は滅びるなどといわれていたことを思い出させて、今思うとこれは私の変革のことを指しているのではないかと思ったほどだ。折からこの年の6月に男女共同参画社会基本法ができたことでもあり、まさに私は法律の精神を身をもって実行するという大義もできて、議員としてのスタートを切ることができた。

4　初めての議会で早速質問に立つ

議員としてのイニシエーション

17年間も議会傍聴をしていたとはいえ、見るのと行うのとは格段の差があった。当選後、新人議員は先輩議員へ挨拶に行くものだという。各議員がたの自宅へうかがい、挨拶をした。そのころは20人も議員がいたので、2名の新人を除くと、18軒へうかがったことになる。かくしてこのイニシエーションに一日は消えた。

次に議長選を控え、数人の議員が我が家を訪れては、議長に選んでくれという。まだ議会も始まっていないし、各人がどういう方なのかも定かでないのに、どう答えたらよいのかもわからず、ともかく中立の立場で臨むとしか言いようがなかった。

この間、お祝いの電話やら、ご近所や主な方々のところへの挨拶回りやらで、4、5日は忙しい日々であった。

そのうちに、議会事務局から新人議員への説明があると連絡が入り、議会事務局長の飯塚さんから様々な決まりごとを説明された。今回の新人は私と野村和包さんの2名であったが、私は一人でレクチャーされた記憶がある。

同時当選の野村和包さんは猿島茶老舗で、手広く製造販売をしていた「丸和園」の社長である。新人でありながらトップ当選（1、464票）していた。町内全地域を一年前から歩いているという噂は聞いていたが、まさかトップ当選とは驚きであった。ちなみに私は591票で20人中13位という成績であった。

のちに彼は私にこう言った。「選挙の時、最後の一票まで票が読めたよ」。一年かけての活動と、地域の広さ、親戚の多さ、猿島茶の老舗の広がりなどの勝因があったようだ。同じ新人といってもボランティア選挙の私とは格段の差があったのだ。

臨時議会招集・議長選出

それからようやく、臨時議会が招集された。初めて議員全員が初顔合わせとなった。私は傍聴していたこともあり、またPTAや母の会活動で知り合った方もいて、その点では知り合いの議員が多く、幾分気は楽であった。

20名の議員は忍田興之進議員、佐怒賀清志議員、斉藤政雄議員、野村康雄議員、栗原利雄議員、遠藤幸保議員、稲葉穆議員、中村和三郎議員、木村昭一議員、北島貞男議員、青木孝文議員、滝口信之議員、中村治雄議員、光山光次議員、篠塚勲緒議員、齊藤政一議員、落合耕一議員、秋元守議員、野村和包議員、そして私である。特に秋元議員とは息子同士が同級生ということや同じ旧境町出身ということもあり、何かと教えてもらった。

そこでまずは議長選となった。議場を締め切っての投票で、栗原利雄氏が選出された。不思議なことに栗原氏以外の名前はなかった。数日前から数人の議員が私の自宅へきて、議長に推薦を頼むといっていた、あの議員たちの我が家への訪問というプレゼンテーションは何であったのか？　これが男性方が得意とする根回しというものなのかと、初めての私はキツネにつままれた思いであった。何もわからない私は大方の議員が言うように常識的な判断をしたと思う。副議長は公明党の北島貞男さんと決まった。

最初の質問

定例会は、９月20日から10日間の予定で最初の議会が始まった。８月29日投開票で当選が決まり、議会開会には20日ほどしかないあわただしい期間であったが、私は一般質問をするべく原稿を書いた。議員となったからには一度たりとも質問の機会を逃したくない。材料は山ほどあった。

私を入れて４名が質問した。新人は私だけで、あとは９期目の忍田議員、５期目の稲葉議員、２期目の秋元議員であった。私は準備不足とは思いながらも４項目を質問した。質問内容は①選挙について②女性行政の窓口設置について③庁舎建設について④環境問題についてであった。

①選挙について

選挙については選挙広報紙がない選挙はおかしいという意味のことを言ったが、選挙期間が５日間と短いのでその間に回覧するのは無理という回答。隣町ではできているというのにである。（広報紙が発行されたのはそれから10年後（２００９年）の選挙から

1999年10月　No.1

うちうみ和子の議会レポート

きりどおし

発行　うちうみ和子となかまの会　〒306-0433 境町1677-3　TEL/FAX 0280－87－1032

女性の視点を生かして 分りやすい行政を

うちうみ　和子

キンモクセイの香りが町中にあふれています。皆様にはお変りなくお過ごしのことと存じます。

8月の選挙では、多くの方々にご支援をいただき、四十数年女性不在の議会に議員となることができましたことを感謝申し上げます。あの暑さの中で、ともすればめげそうな私を、皆様からの励ましや期待の言葉が、どれほど勇気づけてくれたことでしょう。

そして何よりも私が誇りに思いますのは、この選挙がボランティアによる理想的な選挙であったことです。チラシの原案作りから宛名書き。帽子やTシャツや旗の調達。候補者の服やタスキの用意。事務所に詰めて下さった方、選挙カーに乗って下さった方、ポスターを貼って下さった方等々……本当にたくさんの方々がさまざまに協力して下さったのです。私の第一の目標は選挙のあり方自体を変えていくことでしたから、正にそれが達成できたわけです。

これからは、住民の側に立って、分りやすい町政をめざし、より民主的な方向づけをしていきたいと思っています。どうぞ、ふだんの議員活動を見、議会に傍聴に来て下さい。あなたのつぶやきを私にお聞かせ下さい。皆様の一票が確実に町を変えていく原動力となるのです。

『傍聴席』にかえて今後は議席から『きりどおし』と題して報告していきます。よろしくご愛読、ご投稿下さいませ。

ネーミング募集に寄せられた中から、田村さん（山神町）の案を使わせていただくことにしました。「きりどおし」の意味は、『広辞苑』に「山・丘・廊下などを切り開いて通した道路」とあります。山を切り開いて道を作って行く、うちうみ和子の初心をこめたネーミングです。

9月議会での うちうみ和子の質問

Q…選挙時に立候補者全員を紹介する広報紙を、次回までに必ず実施していただきたい。

町長…告示期間が5日しかないので困難だが、実施町村の実情を参考に検討していきたい。

参考・すでに三和町・総和町等で実施

Q…投票所でのプライバシー、身障者への配慮はあるのか。

町長…カーテン等の仕切りは不正等のおそれがあるので難しい。身障者への記載台の用意はあるが今後は全投票所へ配置していきたい。土足で上がれるようシートを敷いたり改善する。

Q…少子化の原因は経済優先の企業倫理であり、高令化による介護の問題、地域におけるジェンダー（社会的に作られた男女の役割＝「男は仕事、女は家庭」などの）と、女性の問題は一教育委員会の生涯学習のみではありません。町長の部局に女性行政の窓口設置を強く要望する。

町長…行財政改革で合理化を推進しているのでタイミング的に難しい。

Q…生涯学習の予算は600万以上であるのに女性青少年の予算は544万、その中で女性施策には講師料を含めてたったの30万です。これでは何もできません。

町長…女性室となると管理職を置かなくてはならないのでしばらくの間、係ということでご理解いただきたい。

Q…11月中に新庁舎の設計業者を決めるそうですが、身障者や子供連れの女性たちが利用しやすい設備になっているのか。又全庁舎に喫煙室や給茶設備等配慮しているのか。

町長…段差解消、ローカウンター、点字スペースの設置、おむつ替えのスペースの考慮などほぼ基本計画にある。喫煙コーナーの設置も考えている。

参考・設計業者の説明会があり、6社が見積書等提出している。11月に決定予定。

Q…境町のあちこちに産廃や土砂が堆積されている。また、役場玄関前の桜の木を平日の午前中に消毒していた。今環境ホルモンやダイオキシン等、環境汚染が懸念されているのに、これらの環境問題に対して、町長はどのようなお考えなのでしょうか。

町長…「伏木北部環境を守る会」の結成を受けてごみ散乱防止推進地域に指定した。薬剤散布の時は事前に広報しているが、役場前の桜の時は配慮が欠けていた。境町環境宣言にあるように、自然との共生を住民、企業、自治体が一体となって地球環境保全に取り組んでいきたい。

◆活動日誌◆

8／24 告示日、選挙戦へキックオフ 街頭演説50ケ所
8／29 投票日、591票にてVゴール
8／30～9／6 挨拶回り
9／7 男女学セミナー開級式、文化村
9／8 社会福祉協議会評議員会
9／9～9／12 挨拶回り
9／13 新人議員説明会
9／15 老人福祉大会、文化村体育館
9／16 議会（臨時会、議長選出他）議員としての任期始まる。
9／19 茨城県母親大会実行委員会
9／20 議会（定例会）開会
9／28 初めての一般質問に立つ。全員協議会・広報委員会・総務委員会に入りいずれも副委員長となる。
9／29 総務委員会
9／30 議会閉会、懇親会
10／2 母親大会の準備
10／3 茨城県母親大会、境高校

10月3日　茨城県母親大会に出席

傍聴者の声

私たちが一生懸命考えて選んだ議員さんたちは、何を考え、議会でどんな発言をしているのでしょうか。投票すれば選挙は終りではなく、これから四年間しっかり見つめ、共に町政に参加するには、議会傍聴はひとつの手段だと痛感しました。

八田（湘向）

内海さんの堂々の質問に大いに期待しますと共に、近世の経済事情の折、議員さんの取り組み方一つで境町が変わると言う、重責を、真剣に、受け止められ、一円でも無駄にしない行政をお願い致します。

上小橋・山口

議員さんや役場の人の顔などが身近に感じられてよかった。女性議員が入ったせいか以前より真面目に聞いている感じがした。

高橋（本船町）

10月24日　タートルズの運動会、玉入れに参加

ひとりごと

八月のあの暑い中、たった一着のスーツを毎日洗いながらのあわただしい５日間。思いの外の成績で当選したのもつかの間、新人は挨拶回りをするものだといわれて、終日かけずり回る。なのに連日のように、数人の議員が入れかわり立ちかわり来ては議長選出の話。正式にはまだ議員でない私に、あの人かこの人かなんて公平な判断などできようがない。だからどなたにも中立でのぞみたいからとしか答えなかった。

けれども不思議なことに、このやんやの騒ぎのはての臨時議会で、投票用紙に書かれていた名前はたった一人であった。２～３人の候補者らしき名前はあったのに何故？　党所属の議員もいるのに何故？　つまりはこれが男性方が得意とする根回しという手続きなのだろう。民主的ってこういうことなの？　小学校での学級委員選出みたい。私には何とも不思議な議長選出劇であった。

10／4　議会広報編集委員会
10／6　早稲田大学心理学講座受講
10／8　更生保護婦人会境支部会
10／13　男女学セミナー
10／18　議会広報編集委員会
10／20　早稲田大学心理学講座受講
10／21　瑞雲会（本船町老人会）
研修、房総
10／23　猿島郡議会親善ソフト大会
10／24　タートルズ（境町外、広域の障害児の親の会）運動会、長田小
10／25　生協くらしのグループ会合
10／26　瑞雲会役員会
10／27　猿島郡議会議員研修
10／29　茨城県更生保護大会、結城アクロス
10／30　茨城県母親大会実行委員反省会

手作り選挙をやりました

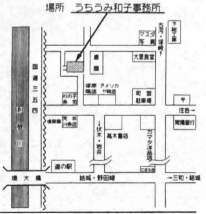

「ビックリの連続の手作り選挙」

(外野応援団)

うちうみ選挙は、ビックリの連続でした。

候補者のブラウスは支持者からのプレゼント、オレンジ色は『傍聴席』の色だという。

模造紙は裏まで使う。桃太郎旗は、手書きした布を角材の旗竿に止め付けた手作り。選挙カーは支持者から借用、ウグイス嬢も運転手も支持者のボランティアつまり素人。

公選ハガキは単色。選挙ポスターは、前回の残りを使った。候補者紹介のリーフは作らず、『傍聴席 特別号』だけを持ち、手みやげなしで歩く。

ウーロン茶でキックオフした選挙は、ケーキの「お茶の会」でVゴールを祝った。

選挙費用は三十七万円だったそうです。こんな選挙も、あるんだァ!と感動しました。

うちうみ和子の収支報告

99年9月		
議員報酬		286.200円
支出	所得税	29.300
	共済掛金	33.800
	互助会	2.000
	旅行積立金	5.000
	国民年金	13.300
	国民健康保険税	2.500
残(手取額)		200.300

初めての議員報酬と支出です。議員としての任期は9月16日からですが、すべて9月1日からの計算になっています。

夫の扶養家族だった私が"就職"したので、自分名義で国民年金と国保税を払い始めました。

残額200,300円が議員としての活動費・生計費になりますが、うちわけは次号からご報告します。

◆12月定例議会の予定◆

12月7日　開会
　14日　一般質問
　15日　決算特別委員会
　16日　常任委員会
　17日　閉会

いずれも傍聴できますが委員会は委員長の許可がいりますのでご相談下さい。

◇お茶の間こんだん会◇

第二・第四金曜日の夜七時半~。
どうぞおでかけください。

場所　うちうみ和子事務所

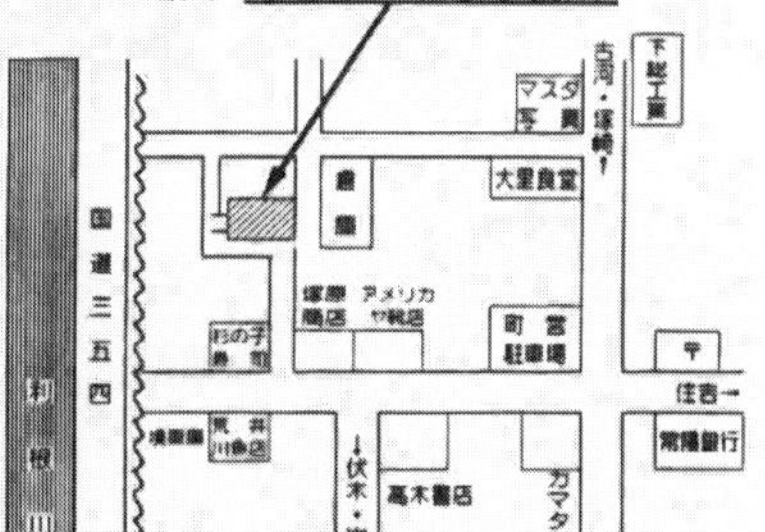

ない。）

であった。ただし無投票の時には発行されないので、実質はまだ2回しか発行されてい

②女性行政の窓口設置について

また女性行政の窓口設置については再質問で係を設けるという回答を得た。当時はまだ町レベルでの係は珍しい時代だった。当時の役場職員の方は「よい返事をもらいましたね」と喜んでくれた。この方は私が当選したとき、本当に良かったと笑顔で迎えてくれて、握手したものだったが今は故人となっている。

③庁舎建設について

庁舎建設の件は、当時設計段階であったので設計の提案をした。庁舎検討委員会が、区長会、婦人会、ＪＣ（青年会議所）などのメンバーにより立ち上がったころである。この件は次の12月議会でも質問し、検討委員会で、四つの設計図から即日で選ぶように言われたという。この1回の会合で、住民の意見も聞いたということになったようで、業者選定も大体は決まっていたようだった。その辺のところを聞いたのだが、結局は大手建設会社と地元建設業者とのジョイントで行うことになった。当時の一般的な経済状況を見ると境町規模で5階建ての大きな庁舎などいらないという声もあったが、執行部の言い分としては市町村合併をしたとき、中心となるようにということだった。

そうした質問のせいかどうかはわからないが、私が提案したことの一部（ロウカウ

ンターなど）は今、実現されている。また私が主張した、おむつ交換用ベッド案は、2018年になってようやくキッズスペースとなって実現した。当時都会のデパートなどではとっくに設置されていたものだ。当時のほうが子供も多かったので需要はあったものと思うが、遅ればせながらそのスペースができたのはよかった。リーダーによってこうも違うものかと当時も今も思うことである。

④環境問題について

環境問題は伏木地区などでの産業廃棄物埋設が問題になっていた時期だったので、環境問題の根本的な取り組みを質した。この伏木地区では後に産廃が確認され、10名の逮捕者が出る事件となる。この質問は同日、忍田議員も質問したので、私たちの質問後、稲葉議員が関連発言として、議会で調査しようということになり、特別委員会が設置され議員全員で調査することになった。この件は後に伏木地区で産廃が確認され、多くの逮捕者を出した事件となったので、かなり紛糾した委員会となった。

また、当時の旧庁舎の玄関口にあった桜の木の消毒を、平日の昼間に行っているのを見て、唖然とした記憶を思い出し、そのことも質した。農薬は散布後は2～3時間は空中に漂っている。住民の健康への被害も考えない行政の対応を憂えての質問だった。本来農薬散布はしないほうがよいのだが、桜は害虫が発生しやすいので、その時節にはしないわけにはいかない。この質問以後は住民へ必ずお知らせして行っているはずだ。

その玄関の桜もいつの間にかなくなり、やがて新庁舎へ移転となってしまった。母の会の用事で役場へ行ったとき、２階の執務室からまじかに見降ろした桜の美しさは今でも思い浮かぶ。まだ桜が少ない頃であったので、多くの住民たちの目を楽しませ、癒されたことだろう。

最初の広報

この最初の議会の感想がメンバーの一人であるFさんの言葉となって『さかいまち議会だより』１０８号「町議会を傍聴して」に載っている。記念すべき最初の広報なので、載せる。

今回の議会は選挙直後、そして40数年来の女性議員誕生ということで期待していました。議場が背広姿の男性だけに埋め尽くされているというのは不自然ですし、男性中心社会の象徴のようで淋しいものがありました。たった一人でも「大いなる一歩」ではないでしょうか。傍聴したのはその女性議員を含め４名の方々が質問し、町長が答弁するいわゆる「一般質問」でした。一生懸命聞いたのですが、聞き取りにくく、不満でした。なるべく顔を上げて発言していただくなどご一考をお願いします。また政策決定までに町民の意思がどのように取り入れられていくのか関心がありますし、いろいろな意味での情報公開をお願いします。（１９９年11月）

また私の議会報告紙『きりどおし』の紙面でもメンバーの一人であるHさんの感想が

載っている。

　私たちが一生懸命考えて選んだ議員さんたちは、何を考え、議会でどんな発言をしているのでしょうか。投票すれば選挙は終わりではなく、これから4年間しっかり見つめ、共に町政に参加するには、議会傍聴は一つの手段だと痛感しました。（1999年10月）

こうして議員としての仕事が始まった。

はじめての質問。
後方は議長と書記。1999年9月

5　職員の無理解と先輩議員の無関心

2回目の一般質問

2回目の一般質問は12月定例会で行った。

質問事項は①喫煙について②ダイオキシンの検査等について③青少年問題について④情報公開について⑤庁舎建設についての5項目になった。

喫煙については、当時はまだ禁煙されていない庁舎だったので質問した。議会委員会室は、ハンカチで口を押えるほど、タバコの煙が充満していた。私にとっては地獄の日々。もうもうと立ち込めるタバコの煙に、これでは喫煙しない職員や女性職員も同じ思いであろうと考えての質問だった。分煙策を提案した。「いばらき・無煙社会をめざす会」からの要望もあったころである。

質問後しばらくして、分煙コーナーが設置されたものの、新庁舎に移転してからもしばらくの間は階ごとの喫煙コーナーがあった。完全に全庁舎が禁煙になったのは2002年に健康増進法ができた後、各学校や病院などで禁煙が当たり前となった2003年からである。

青少年については万引きなどの対応はどうしているのか、また成人式のマンネリ化を打開できないかなど聞いた。

ダイオキシンについては当時の境町のごみ焼却施設での数値が68ナノグラムという高いもので、県下でワースト3位になっていたこともあり、対策をお願いした。この件は忍田興之進議員も主張されていたので、早速対応してくれて、14億円かけてパグフィルターが取り付けられた。

情報公開法は市民オンブズマンいばらきからの請願もあり（私が紹介議員となった）、私が質問した翌年（２０００年）には制定されている。境町の条例は境町以外の人でも請求できるようになっているもので、かなり良いものになっている。（多くはその市町村に在住か在勤などの条件が付いている）この法案は私も制定を望んでいたことなので、その審議に参加できたことはうれしかった。

この議会はまた、橋本正士町長が病気欠席だったので、町長の回答は代理で川辺允雄助役がおこなった。質問者は３名で、私のほかは稲葉穆議員と忍田興之進議員だった。

私なりの黒革の手帳

これらの議会中に感じたことを私は克明に手帳に書いていた。

それこそ私なりの黒革の手帳である。それによると、まず第一は役場

「市民オンブズマンいばらき・新春学習会」1999年1月
県南学習センターにて

職員の態度の横柄さ。当時の収入役曰く「俺は議員なんか恐くないから」また議会終了後の懇親会では助役が私を馬鹿にしているような発言、「質問はよくできたけど、必ずというのはきつすぎるからやめてくれ。ぜひとか何とかにしろ」

そういえばこの助役には境町の広報紙に載せる私の原稿を直された記憶がある。当時新聞沙汰になった桜土手の無断開発事件で、私は町が2億円の損害になったということを載せたかったのだが、金額は入れないようにといわれた。事実を言っているだけなのに都合悪いことは伏せるのだなと、これが官僚かと感じた一件である。

その後も逐次直されたりしたが、それも私の至らなさかと思い、逆らうようなことは言わなかった。

また本会議場ではなかったと思うが、当時の議会事務局長には、私が西南医療センターへの要望を伝えたところ、病院の投書箱に書いたらと言われた。私としては町から1,700万円ほどを助成している病院であり、議会からの質問は当然ではないかと思ったのだ。

また私がよく一般質問のために資料を要求することに対して、ある人物の論文を引用して「資料はやたらに要求すべきではなく、議会の議決後にするべきだ」と言う。理解できない対応だった。

それ以上に、驚いたことは、私が発行し始めた議会報告紙『きりどおし』に議員報酬を載せたところ、クレームがついたことである。情報公開を旨とする私は、議員報酬も当然公表されるべきものと考えていたので、早速3か月ごとに、その詳細を載せたのだが、その載せ方が問題というではないか。しかも議会事務局の女性職員からのクレームである。「議員は報酬であって生活給ではないので生計費と書いては困る」というのだ。私が所得税や保険料、経費などを差し引いた額を実質の手取り額として、生計へ、としたのがいけないという。そうすると、いかにも報酬から保険料が差し引かれていると思われるからだという。私としては、差し引いた金額が実際の収入という認識なので、このことは受け流して、その後の『きりどおし』には毎回きっちりと3か月ごとの会計報告を載せていた。

この会計報告は市民派議員にとっては当然のことで、交流のある各地域の女性議員は皆報酬の報告を載せていた。私としては当然の議会報告であったのだが、境町では誰もしていない議員報酬の公表であったので、拒否反応であったのかもしれない。

懇親会でのセクハラ等

さらに、12月議会での懇親会では某職員が酔っ払って、私の肩をギュッと抱きしめるようにして、いやな目つきでからんできた。受け流そうとしている私を見て、木村昭一議員がトイレにでも行くように促してくれた。私もそれに限ると思い、席を立った。のちに彼が議長にでも話したのか、その職員は自宅へきて「町長に言われてしまったので来ました。先日はすみませんでした」と誤ったので、私もそれ以上は言えず、不本意ながら了承した。

セクハラに関してはこのほかいろいろあるので、別の章で、語りたいと思う。

そのほか某課長は水道の水質検査が悪ければ公表しないとか、環境センター長は土壌検査で数値が基準値を超えていたら風評被害が懸念されるので大変だとか、概して上から目線の職員が多く、私が思っていた公僕というには程遠かった。みな住民のためというよりは組織あるいは町長のためであったようだ。けれども、議員になりたての私は、行政に対しては素人なので、教えを乞わなければならず、それ以上は何も言えなかった。

議会内パワハラ、いじめ

職員の態度もさりながら、各議員からのパワハラというべき対応もあった。

例えば私が何かにつけて謙虚に「勉強させてください」というと、「勉強してから議員になるんじゃないのか」という叱責。確かにそれも一理ある。ありきたりの正義感だけで通じる世界ではないのも確かだ。すべては法律に則って行われるのだから致し方ない。難しい用語のある自治法など、慣れない用語の理解には苦労した。

また言葉尻をとらえての、審議停滞事件、議会外でのブログ発言での一幕、議長からの公開質問状、発言の削除など、一期目は議会内でのいじめにも似たものがあった。これも別枠で詳しく述べたい。

しかしながらこの一期目では役所内の女性係の設置。喫煙コーナーの設置、チャイルドシートの助成、コピー代を30円から10円に、有害図書自販機の撤去、身障者への投票所の環境整備、東京電力のＰＣＢ入り廃トランスの撤去、女性行動計画の導入、毎年の決算書上程を12月から9月に、新庁舎での防災訓練等々、私の質問がきっかけで多くの政策が導入された。私の一般質問の効果は確かにあったのだ。

このころの一般質問状況はというと、毎回質問しているのは私一人で、議員20人中質問者は2、3人だった。多くは私と共産党の忍田興之進議員の2人。一度忍田議員が体調を崩されたときには私一人の時もあった。その時などはそれでもやるのかみたいなことを言われた。

私にはほかの議員が何も行政に対して疑問がないということが理解できなかった。彼らがなぜ議員になったのか？　いまだに分からない。

現在、多くの地方自治体議会が行政のチェック機関ではなく、単なる容認機関になっている現状がある。

男女共同参画キャンペーン
町民祭にて。2000年11月3日

6　新聞記者もびっくりの審議停滞

「議会だより」へのクレーム

２０００年（平成12年）12月11日の議会はかなりもめた。当時、広報委員であった私は、「議会だより」を発行するにあたり、編集の段階で、町執行部（町行政を行う町長、助役、収入役、教育長等の町上部職員）からクレームがついたことに対して、疑問を呈した。つまり執行部の議会介入ではないかと質したのだ。まずは私の質問内容を議事録から抜粋してみよう。

先ごろの議会の広報編集委員会で作成した「議会だより１１２号の環境問題特別委員会（議員全員が委員）の報告の中で、見出しとＰＣＢについての説明書きを削除するよう、執行部より言われました。どういうことかと申しますと、見出しに「早急にＰＣＢ入り変圧器の全面撤去を」というところを「東京電力新古河変電所を現地調査」とされ、ＰＣＢについての説明文を小文字で「ＰＣＢとはダイオキシンの一種であるコプラナーＰＣＢを含み、強い毒性があるとされている」と入れようとしたのを全部削除ということでございます。このことは公選された議員によっ

て組織されている議会の自主性を認めない執行部の介入と受け取れます。以下略

このことは新聞でも取り上げられたので、それも抜粋する。

「議会だより」の内容変更、削除　内海議員「介入」と批判　境町　という見出しで、3段に書かれていた。

（前略）質疑によると問題とされたのは先月10日付発行の112号。東京電力が同町内に保管するPCB入り変圧器を調査する特別委員会の活動に関する記事で、同議会の広報編集委員会は当初、見出しを「早急にPCB入り変圧器の全面撤去を」とし、記事の中でPCBの毒性に対する説明文を入れた。しかし発行された見出しは「東京電力新古河変電所を現地調査」と変わり、PCBの説明文は全文削除された。町総務部によると、答弁の間違いを質すため従来からゲラ段階で議会だよりをチェックしており、見出しなど2点について議会側に「削除要請でなく、疑問を提起した」。これを受けて広報編集委員長（議員）と議会事務局が協議して見出しの変更と説明文の削除を決めたという。橋本正士町長は「（町と東電）が交渉中のことで、あまり語気鋭く取り上げることは適切でないとして、お願いした」と説明した。（2000年12月毎日新聞金沢衛）

この問題の元になった東京電力の廃トランスPCB問題は環境問題の研究者たちの

目に留まり、当時の東京都職員であり、「止めようダイオキシン！　汚染」関東代表で、化学物質問題市民研究会代表の藤原寿和さんなどが、境町へ視察に来たりしていた。私が「生活と健康を守る会」を主宰していたころである。私も「止めようダイオキシン！・運動をしていたので知り合いになっていた。のちに藤原さんが環境問題の祖である田尻宗昭さんを記念した賞を受けたときにはお祝いに東京に駆け付けたこともあった。いまも年賀状のやり取りをしている。（東京都を退職した今もお元気で環境問題に取り組んでいる。）

ダイオキシン問題は全国の業界紙などでも取り上げられていたことでもあり、私としては正しい知識を住民に知らせようと、企画したものだったので、質問したというわけだ。

表現が不適切？

しかしながらその問題というよりは、私の一般質問の中での表現が不適切という議員がいて、その動議が通ったものだから、その意味はどういうことかと聞かれたのだった。その表現というのは当時の執行部のやり方が不透明であったので質問の中で私は次のような発言をしていた。

私たち議員は町民のために町民の福祉と幸せのために活動するのが本旨であると思います。それはある意味で私利私欲を捨て、常に住民の側に立って行動し、発言することであるはずです。少なくとも私はそう思って今この場にいます。町民からの負託を受けている点においては町長も同じです。選ばれて6選という長きにわたって町政を担っているわけです。つまり執行部と議会は町政にとって両輪であると私は思っています。ただ残念なことに議員の中にも自治法132条（【言論の品位】普通地方公共団体の議会の会議又は委員会においては、議員は、無礼の言葉を使用し、又は他人の私生活にわたる言論をしてはならない。）に抵触するような者もおります。なので、私共も日々精進しなければならないわけですが、執行部に置かれましてはこのような住民の意思を代表し、決定する機関である議会を、そしてまた議員というものをどのように把握しているのか、そのお答えをください。

このことは以前にも質問し、私としては明確な回答が得られていなかったので、再度質問したものだった。

確かに気に障る言い方であったのかもしれないが、疑いのある議員が委員会などでの嫌味な発言やセクハラ発言など、品性にかけると私は認識していたので、そういう言葉となったのだった。まっすぐな私の姿勢なので、ごく当たり前のことを述べていると思うのだが。もしかしてこんなにはっきりとものを言う人はいなかったのかもしれない。何しろ20数年も同じ町長での議会なのだから。

境町・無許可産廃処分

町長が〝事情〟示唆

町会　対応遅れで答弁

境町議会の一般質問が十三日行われ、同町大歩の農地に無許可で産業廃棄物が処分された事件を巡り、橋本正士町長は「町としてはこの問題を取り上げにくかった」と答弁した。町の対応の遅れに何らかの事情があったことを示唆したものとみられるが、発言について、町長は「いろいろあって、これ以上の説明は出来ない」としている。

一般質問では、議員が、不法投棄現場の土地改良事業の申請時に土地改良区理事長だった橋本町長に、町の対応などをただした。

橋本町長は、町が立ち入り検査を行ったり、関係業者の町公共工事指名停止処分などを行ってきたことを強調。一方で、「議会と町が一体となって問題に取り組むべきだったのに、これまで問題が取り上げられなかったことは残念の極み」と述べ、「議会も問題を取り上げなかったと同時に、町も取り上げにくかったということをご理解いただきたい」と発言した。

2001年3月14日 読売新聞

議事録からの削除とは？

私が出している議会報告紙『きりどおし』にはこの件を議会傍聴していた町民の声があるのでここに掲載する。

内海さんの質問に対して、某議員が議事録からの削除を求めて議事が中断され、別室での審議の間、何がどうなっているのか分からないまま1時間も待たされた。ようやく再開されて、落合議会運営委員長が「内海議員には何ら問題がなく削除の理由がない」と答弁し、他の議員から「異議なし！」と声がかかる。けれども某議員はしつこく説明を求め続ける。いつの間にか争点は地方自治法１３２条（言論の品位）にすり変わっていた。１年生議員へのいじめとしか思えない状況に、「あきれた、ばかばかしい」と席を立つ傍聴者もいた。

結局、２時間近くのロスタイムとなってしまったので、ここはいい加減に譲歩しなければという思いで、不本意ながら私は削除に同意してしまった。妥協するのも政治という思いであった。

後に職員からは「あれでよかったのだよ」といわれ、議会とはそんなものなのかという感慨があった。考えてみると、今行われている国会などの議論を聞いていても、つじつまが合わない言い回しに終始していて、説得力に欠けるにもかかわらず、その論理がまかり通ってしまっているのだから、誠に政治とは摩訶不思議なものである。それと似たような構図がこの審議停滞の裏にはあったのかもしれない。

この件に関しては森田悦男県議から私の議会報告紙「きりどおし」を読んで「議場では何を言っても咎められないことになっているのだから、これはおかしいよ」とわざわざ電話をくれた。森田さんは酒井光代さんの古河市長選出馬の際知り合った方で、市長選時はまだ議員でなかったが、その後県議会議員を務めていて、現在（２０２０年）は県議会議長となっている。そんな方からのアドバイスは嬉しいものだった。

蛇足ながら、広報委員会ではそれまでは一般質問の原稿でさえ議会事務局が書いていたのだが、私がそのことに疑義を唱えたので、私たちの広報編集委員会からは質問した本人が原稿をまとめることになった。これも初めはなかなか締め切りを守らない議員もいたが、今では定着しているはずだ。

境町

町、議会広報を〝検閲〟

東電変電所PCB問題　見出しが変更に

今年十一月に境町議会広報編集委員会が編集した「議会だより」に町が意見を差し挟み、同会委員長が見出しを変更していたことが、十一日の同町議会での一般質問で明らかにされた。

質問者は同委員会に属する議員で、見出しが変更されたのは、ポリ塩化ビフェニール（PCB）入りの廃トランスが大量に保管され、町が全面撤去を求めている東京電力新古河変電所を議会が視察した記事。同委員会は「早急にPCB入り変圧器の全面撤去を」との見出しをつけたが、町側のクレームで、「新古河変電所を現地調査」という見出しになったという。

「議会への介入では」とただす議員に、橋本正士町長は「東電との交渉に影響があってはならないということでタイトルに意見を申し上げたと聞いている」と答弁。町によると、答弁が誤って掲載されることを防ぐため、町側が事前に内容をチェックしているという。篠塚勲緒委員長は「町当局からの話を受け、私と議会事務局で話し合って変更を決めた。各委員にも了

2000年12月12日 読売新聞

7　元町長の「高みの見物」発言

産業廃棄物問題の質問への町長の反応――議事録から

２００１年（平成13年）の３月議会では当時多くの逮捕者を出した伏木地区の産業廃棄物問題を質問した。

このことは、議会でも環境問題特別委員会を立ち上げ、調査中の事案でもあった。議会で視察に行った時にも、大きな穴に（ダンプが何10台も入れそうなくらい大きな穴である）何台かのダンプカーが産廃らしきものを搬入していた。その後、県の調査で産業廃棄物と判断され、10名の逮捕者がでた。私は新聞で報じられたことを受けて、誰も質問しようともしないので、率直に質問してみたのだ。ところが、そのことで、橋本正士町長から侮蔑ともとれるお叱りの言葉があるなどとは思いもよらないことであった。

つまり端的に言えば、「高みの見物的にそういうことを言うあなたは議員にふさわしくない」ということだった。

ここにその時の議事録を再現する。

（前略）（町長）なお、ご質問の冒頭に多数の検挙者を出した件についてどう思われるかといわれる前に、私からあなたの考えを問いたいところでございます。高みの見物的なまるで他人事のような発言は、地域を代表されるあなたの議会議員としての常識を疑わざるを得ないのであります。特にこの件につきましては町議会としても環境問題特別委員会からも今日までほとんど取り上げてなかったことは、まことに残念のきわみでございます。そもそもが本件は地主による虚偽の事業許可申請から発生した事案でありますが、議員各位におかれましでも、都合の悪いことにはふたをして通るのではなく、こうした問題こそ私は町と議会が一体となって事態の解決に取り組むことが、町民の負託に応える本来の道であるということを強く肝に銘じてほしいものでございます。

聞いていた私は、背筋がぞっとする思いであった。このような反論が町長の口から発せられたことに驚いたのである。これは完全に私を侮蔑しているとしか思えなかった。例えば私のことを「あなた」とか「内海さん」（ほかの議事録の発言の中で）とか言っていて、これは私を議員として認めていない蔑視が入っている。ふつうは議会内では何々議員といわれている。あるいは委員会なら何々委員というのが普通である。ここに私は女性であるが故に蔑視されている気がしてならないのだ。これが男性の議員が質問していたらどうかと考えると、少なくとも高みの見物発言、あるいはさん付けはなかったのではないか。蛇足ながら職員の中にも答弁の時、さん付けでいうものもいた。細かいことなので、特に文句は言わなかったけれども私としてはいい気持ちはしなかった。

私の反論

そんなわけで私も後半で反論する。

（中略）それから、伏木地区の今の件でございます。町長は私の考えが非常に議員として軽率だとおっしゃっていらっしゃいますけれども、私は議員としてまだ2年目ですので確かに勉強不足のところはあると思いますが、2年も前から住民の方が本当にあそこに穴掘られてやっているというそういうものを私自身も目で見たりしておりますし、この間も県警が入って何か所かボーリングしてほとんどの場所でいろいろなものが出てきたと伺っています。そういうことを踏まえて、自分の町でそういう事件が起きたということに、本当に驚いているのです。（中略）私は真撃に住民の立場を考えて、町の将来のこと、町長はよく百年の計と申しますけど、まさにその通りで、百年後に水はどうなっているのか、緑はどうなっているのか、水と緑の都市を目指している私たち境町なのですから、その辺のところまで考えて対策なりしていただけたらという思いで質問しております。（中略）もう一つ付け加えますと、私がどういう風に思っているのかというのは、先ほど申し上げたように、本当に残念なことだと思っていますので、境町で将来に向けて子供たちにいい環境を残していきたい、そういう思いで私は質問しておりますので、ちょっと付け加えて申し上げます。

これに対して町長も再度答える。

（中略）私が申し上げたのは、議会全体で2年間も苦しんだといいながら、その間あなたはこのことについて一度も質問することがなかった。他の議員さんにしてもほとんどそういう質問をする人がいなかった。（中略）今ここへ来て初めて、あれだけの住民の皆さんが騒いでいるにもかかわらず、一言もこの問題が取り上げられないで今日まできたと、こういうことは私の方であなたの気持ちを聞きたいと、こういうことを申し上げたわけでございます。（中略）議員の皆さんが取り上げなかったというだけに町としてもなかなか取り上げにくい問題であったということは、ご理解いただきたいと存じます。（中略）いずれにしてもこの廃棄物を持ち込んだ業者、それを受け入れた業者、さらには虚偽の申請をした地権者にもそうした負担の割合が及ぶかどうかと、こういう面においても詳細にこれから検討したいと、このようなことで、まずもってそうした原因を起こした方々についての負担による解決を今考えているところでございます。

私も付け足して

結局私個人というより議会全体の人が今まで取り組まなかったのはなぜかという

ことも含まれていると思いますので、それは真摯に受け止めまして、私共議会人も反省していきたいなと思っておりますので、今後もそういう意味で協力しあえて、境町が後世に残るよい水と緑の町になっていければいいなと思っておりますので、よろしくお願いします。

とまとめた。

私も若かったが、この後、幾たびか「反社会的な方々」が傍聴に来ていたということだが、私にはどなたがその方なのかわかるはずがなかった。

住民の不安に応えたい

この問題を難しくしている要素の一つには、この事件の当初、地権者の署名などで若干の議員方がかかわっていたり、あるいは、当時の土地改良区の理事長が橋本正士町長であったり、また農業委員会の理事長も元町長で当時議員の佐怒賀清志さんであったりしていた点である。同じ仲間としては、確かに言い出しにくい事案ではあったのだ。しかし当時私はそんなことは知らず、ただただ住民の不安に応えたかっただけであった。

後になってそのようなことを知った時、何とも怖い世界だと感じたものだ。思えば当時、私が知っていた埼玉県での女性町議は環境問題を質問したところ、反社会的な方に襲われ、けがをしていた。知っていれば私もほかの議員さん方同様黙していたのかもしれない。

しかしながら、こうした環境問題が明るみに出たことで、地域ごとに環境を守る会ができ、特に伏木北部の環境を守る会ではその後、議員を立てて今でも監視を続けている。それには私もちょっぴりお手伝いしたので、私の質問も無駄ではなかったと思う。

それまでわけのわからない産廃らしきボッチが各所にあったが、以後、新しい堆積物はできていない。私や故忍田興之進議員が指摘した環境問題の成果であり効果はあったものと自負している。

産廃の不法投棄 究明の陳情採択

境町議会

境町大歩の農地に産業廃棄物が不法投棄された事件で、境町議会は十六日、住民からの真相究明を求める陳情を全会一致で採択した。

採決に先立ち、同町議会環境問題特別委員会の落合耕一委員長に、一部議員から、十五日の委員会終了後、「執行部の欠席で陳情の背景についての議論が出来なかった」と発言したことの真意をただす質問などがあり、全員協議会を開催。落合委員長はその後、「私の発言を巡ってお騒がせし、遺憾の意を表明する」と述べ、「今後は、議長をはじめ、議員の皆さんと一緒に、委員会運営を行っていきたい」などと述べた。

2001年3月17日 読売新聞

さかいまち

議会だより

No.116

平成13年11月9日発行

発　　行　茨城県境町議会
編　　集　境町議会広報編集委員会
〒306-0495 茨城県猿島郡境町370-1
TEL.0280-81-1316 FAX.0280-86-7521

健闘しました! 準優勝（郡内親善ソフトボール大会）

平成13年
9月定例会

第3回定例会は9月18日から28日まで11日間の会期で行われました。
今定例会は、補正予算が6件、条例の制定、条例の改正、町道路線の認定、廃止などの案件が提出され、すべて原案どおり可決しました。
請願、陳情、意見書については、提出された6件について、3件を採択とし、2件を不採択、1件を継続としました。継続となっていた1件については採択としました。

専決処分

境町特別職の職員で、非常勤職員の報酬及び費用弁償額の一部変更

投票管理者
12300円→12700円
投票立会人
10500円→10800円
選挙長
10400円→10700円
選挙立会人
8600円→8900円
開票管理者
10400円→10700円
開票立会人
8600円→8900円

条例の制定

証人等に対する実費弁償に関する条例の制定

町議会、町選挙管理委員会及び公聴会等に出頭または参加した場合、一日2000円を支給する。

国民健康保険出産費資金貸付条例の制定

被保険者の福祉の向上を目的とする。

被保険者が出産をした場合、世帯主に出産育児一時金が支給されるが、これから支給を受けることが見込まれる世帯主に対して、支給を受けるまでの間、出産に要する費用を貸付けする。

条例の改正

町特別職非常勤職員の報酬及び費用弁償に関する条例の一部改正

介護認定委員の増員により、審査会を2合議体とした。そのため、非常勤職員の報酬表の「介護認定審査会の委員」に「合議体の長」を加えるもの。

▲総務委員会審査の様子

実費弁償に関する条例の一部改正

公平委員会において、参考人等の出頭を求めた場合の実費弁償が300円（昭和38公布）と現状にあわないため、2000円に改めた。

町消防団員の定員、任免、給与、服務等に関する条例の一部改正

団員が、次の職務に従事した場合の費用弁償額を明確にしたもの

火災出動、水防活動、警戒出動、捜索活動、訓練及び点検、会議等に従事した場合、それぞれ一回につき2000円支給する。

境・五霞介護認定審査会共同設置規約の一部改正

委員定数6人を10人以内とする。

猿島郡環境管理事務組合規約の一部改正

事務組合で共同処理する事務のうち、ゴミ処理に関する事務、コミュニティセンター及び運動場に関する事務、周辺の環境整備及び、還元施設に関する事務に平成14年4月から岩井市が加入するため、規約の一部を改正した。

境町税条例の一部改正

最近の経済情勢等を踏まえ、個人投資家の市場参加の促進から個人住民税について、長期所有上場株式等の譲渡所得につき特別控除を講ずるもの。

▲教育民生委員会審査の様子

町道路線の認定・廃止

・町道1731号線
長井戸地内で採納により新しく認定し、維持管理するもの

・町道2964号線
下小橋及び上小橋地内で認定漏れにより新しく認定し、維持管理するもの

・町道3239号線
一の谷地内で昭和51年町道路線認定替えの時個人の出入り口を誤って認定してしまったため町道路線を廃止するもの

▲長井戸地内町道路線認定現場

▲経済委員会審査の様子

人事

教育委員の任期満了に伴い、次の方を任命することに同意しました。

境町1828番地の7
仲村敏明 氏

人権擁護委員の推薦について意見を求められ、次の方を適任と認めました。

境町大字塚崎669番地
田上朝男 氏

土地改良事業の施工について

	染谷南地区内	百戸地区内
事業名	農業基盤整備事業	
受益面積	5.0ha.	
事業量	1400万	400万
事業期間	13年度	
主要工事	溝型柵渠工 L=400m	溝型柵渠工 L=120m
施工方法	請　負	請　負

環境問題特別委員会報告

・第11回特別委員会は9月12日午後1時30分より開会され、第10回の特別委員会で境東部土地改良区内の農地改良区事業から産業廃棄物の不法投棄に至る経過について事業主である地主から事情聴取したところお出で頂けなかった地主6名に対しご協力をお願いしたところ1名のご出席を頂きました。

地主さんからのご意見を伺いその内容について質疑を行いましたが、農地改良事業の経緯が聞けたことは有意義な委員会でありご協力に対して感謝を申し上げたいと思います。

・第12回特別委員会は9月27日午後1時から開催され、伏木北部区長、伏木北部環境を守る会から提出された陳情第1号の陳情項目に従い4回の委員会で調査した審議の経過の取りまとめを行い、報告書の内容について慎重に審査し、9月28日の最終日に本会議において議決して陳情者に対して報告書を送付しました。

この陳情の審査並びに調査にご協力いただきました関係者に対し、厚く御礼を申し上げまして委員会の報告といたします。

8　前代未聞のホームページ事件

場外乱闘

私が議員になったころ（１９９９年）はホームページを立ち上げているものは誰もいなかった。私が最初だと思う。後に若手の議員たちが数人ホームページを作成してはいたが、いずれも今は更新されていない。

このホームページを立ち上げるに当たっては議員報酬でパソコンを購入し、商工会のホームページ作成の講習会に参加した。何しろパソコンを何も知らないでやろうとしたのだから、私も張り切っていたのだ。それに議会の報告は何らかの形でしなければいけないと考えていたことでもあり、地域に組織があるわけでもなく地元でもない、おまけに車の運転もできない私にとっては、ネットでの配信はまたとない自己ＰＲの場であると思えたのだ。なので、講習も1回では心もとなかったので、2回にわたって参加し、何とか自前で作成することができた。以来、更新はするが書式は当初のままで、以後改めていない。というより作成の仕方自体忘れてしまったのだから今更どうすることもできないのだ。その後は更新の中で活動日誌やら、一般質問など載せていた。

今でいうブログに相当するページが「活動日誌」であった。その時々の思いを「ひとりごと」として、ありのままに載せていたページだ。このページに載った文面が問題となり、なんと議長から質問状が来てしまった！　私にとっては思ってもいない場外乱闘であった。

まずはその問題になったホームページ「ひとりごと」の文章を紹介しよう。

3月14日イラク攻撃反対の請願は継続に！　私と秋元議員が紹介議員になって提出した請願だったがなんと継続！　アメリカは17日という期限まで切って、緊迫した世界状況なのに今結論を出さなくては何の意味もない。

もし戦争が始まったら次の議会（6月）までには終わっているだろうというのに！　こんな悠長なことでいいのだろうか？　継続の理由も請願者の団体に問題ありというもの。請願は憲法第十六条に明記された個人の権利である。「何人もかかる請願をしたためにいかなる差別待遇もうけない」とある。十分個人でできることなのだ。

純粋に平和を求める勇気ある住民の声を反映できない議会とはいったい何なのだろう？　戦争で実際に被害を受けるのは多くの場合女性と子供たちだ。偉い方は決して前線に出ることはない。戦争の世紀といわれた二十世紀の歴史がそれを証明している。政治というものが住民には見えないところで決まっていく様をどう住民に説明したらいいのか？　政治不信は若者ばかりではない。この八月の町議選を意識しての活動が始まったようだ。

これに対し、当時の栗原利雄議長からは次のような質問状である。

議会の品位の尊重と秩序の維持について

平成15年第1回境町定例議会も議員各位のご協力により全議案が可決あるいは継続審議として無事終了したところです。

さて、定例会終了後の3月14日付の内海和子議員ホームページ「活動日誌、最新情報和子のひとりごと」の中での文面が、議会人としてあるまじき品位の尊重を著しく損なうものではないかと総務委員会等から指摘があり、議会運営を円滑にするため貴議員の真意を聞きたく思いますので、下記事項について文書にて回答されますよう通知します。

記

1、「今結論を出さなくては何の意味もない」の文面において、すでに議会として異議なしで継続審査に決定しており、議会の決定をどのように解釈しているのか。

2、「継続の理由も請願者の団体に問題あり」の文面において、継続の理由は委員長報告のとおりであり、また委員長質疑に対する答弁のように請願者団体の代表は貴議員であるため、自らが議会人として議会活動の中で取り上げるべきものと指摘したもので、請願者の団体に問題ありとはしていないが。

3、「平和を求める勇気ある住民の声を反映できない議会とはいったい何なのだろうか」の文面において、貴議員も議会組織の一員であり住民の声を反映できない議会とはどこの部分を指すのか。

4、「政治不信は若者ばかりではない」の文面において、引用した根拠は何か。

5、「8月の町議選を意識しての活動」の文面で、具体的にどの部分を指して、何を意味しているのか。　以上

これに対し私の回答書である。

日頃議会におきましては大変お世話になっております。また今回は議長に心痛をおかけしましたことを申し訳なく思っております。

記

回答1、議会の決定については真摯に受け止めております。請願書提出の紹介議員となる以上、採択を望むのは自然と存じます。

請願者である町民に対して力及ばなかったことを詫びる気持ちが表れたものと思います。

『きりどおし』の発送作業、
うちうみ事務所で
2000年頃

2、議員として請願を紹介するに当たり、私の不勉強のために誤解を与えたことを遺憾に思っています。
3、請願の紹介議員として、多くの議員の理解・同意を得ることができなかったことを残念に思ったものです。
4、特定の根拠から引用したものではなく、投票率が低いという一般的な事実を念頭に置いて述べたものです。
5、特にどの部分を指したものではなく、自分の中で8月を意識したものがあったのでそのような表現になったものと思われます。　以上

そしてこの文章は「ひとりごと」の中で、言われてすぐに削除し、お詫びとして「過日編集のミスで議長、A議員、並びに議員各位に誤解を与えるような表現をいたしましたことを、訂正しお詫び申し上げます。」とした。

プリントされていた「陳謝案」

また、この質問状に先立って、正副議長から呼び出しがあり、同じことを聞かれた。私は唯、「これは憲法で保障されている表現の自由であり、言論の自由です。あくまでひとりごとなのですから」と答えたのだが、議員たちは納得いかなかったのだろう。文書でなければならないということになったのだ。

回答した後も、総務委員会（齊藤政一委員長）に呼び出され、（総務委員会が私への

質問状を議長に要望していたので）同じようなことを言われ、議場で謝れというようなことを言われた。私は再度、言論の自由と表現の自由であり、議場内でのことでもないので、謝るほどのことはないと反論した。
その時驚いたことは、議場での陳謝案をすでにプリントしていたことである。私が反論しなかったら、多分議場で陳謝することになったのだろうが、以前に審議停滞事件でやたらに謝るべきではないと学習していたので、その経験が役に立った。陳謝案はすぐに回収され破棄された。

審議停滞事件ではこちらの言葉が過ぎたという感はあったが、今回は議場外であり、まさに言論の自由であり表現の自由である。この質問状事件も何かおかしい。発言のどこが問題かと首をかしげたくなるほど私としては自然な表現であったのだが。多分某議員の野次馬的な苦言から起こったことなのだ。信頼していた議員に裏切られた思いだけが残った一件となった。

この時相談した小山市議会議員の安藤良子さんと三和町史編纂委員のむらき数子さんには大変お世話になった。男性社会の荒波ではこうした女性たちの友人にとても助けられた。本当に感謝申し上げる。

9　やっぱりあった女性蔑視

変わらない女性差別

私が立候補した理由の一つは女性の参画があまりにも少ない現状があったからである。特に議会には女性がいない。昭和の合併前までは旧境町で3人いたというがその記録もない。その頃の票は60票ぐらいで議員になれたと聞く。

夫の祖父である内海弥三郎はかつて議員をしていたと祖母から聞いていた私は、調べてみると確かに「境町の文化財を守る会」発行の会誌の中に、「町村合併促進法施行時における境町旧町村の概況」に、中村正己さんが当時の静村、長田村、猿島村、森戸村、そして境町の1町4村の概況を克明に残している。その中の議会のところに議員数22人とあり、議員名の中に確かに内海弥三郎の名がある。

私が議員になった時、「やはりそういう方がお嫁に来るのですね」といっていた方がいた。その祖父に女性議員たちのことを聞きたいところだったが、私が境町へ来たときにはすでに故人となっていた。ただ役場の職員の中には若い時に、祖父と知り合っていた方もいて、懐かしくお話される方もいた。

幸い近くに、当時の女性議員であった荒井松子さんのご子息文一さんが骨董品のギャラリーを開いていたので、私はしばしばお邪魔してはお話を聞いていた。のちに介護施設に入った荒井松子さんをおたずねしたこともある。その時はまだお元気で、車いすの生活ではあったが、はっきりした表情で、記憶もはっきりしていた。私が議員になったというと頑張ってねと励ましてくれた。目鼻立ちのはっきりした美しい人だった。

その荒井さんが議員を辞めたのは今でいうセクハラであったと後に息子さんから聞いている。ありもしない噂を流されたということだ。

今も昔も変わらない女性差別、女性蔑視がここにもあったというわけだ。そして今も、それは続いている。このセクハラ問題は今＃MeToo運動（２０１８年）として世界を駆け巡っている。あの自由な国であるアメリカでさえ、ようやく声に出して言えるようになったということか。しかしながら日本では、特に境町では、荒井松子さんの時から半世紀もたっているというのにまだ何も変わってはいない。政府は女性活躍推進法とか女性参画均等法とかと盛んに女性を持ち上げているけれど、これは女性の人権を認めているわけでもなく、ただ単に日本社会で労働力が不足してしまうので騒いでいるだけなのではないかと私には思える。

私が感じた議会は全くの男性社会で、旧庁舎には女性トイレも更衣室もなかった。そのころは懇親会が多く、平たい話ができる反面、セクハラまがいの言葉や態度は多く見られた。

旧庁舎での最後の議会
2002年6月

最初の議員研修旅行――コンパニオン同席

私が最初の研修旅行（2000年7月）で驚いたことは、宴席になった時、当然のように芸者さんを呼び、それも3、4人いた。その芸者たちと戯れる様は、これが住民の代表である議員なのかと思わせるほどひどいものだった。こともあろうにその芸者に馬乗りになっているではないか。普段は何の発言もしない先輩の議員で、建設会社社長でもある人がである。私は目のやり場に困るほどで、かつて会社勤めをしていた時の慰安旅行時でもそのようなことはなかっただけに、本当に驚いたものだった。

その研修後私は議長に、「境町議員として恥ずかしくないのか。議員としての品格に欠けるのではないか」というようなことを苦情として言ったものだ。

その後は幾分私に気を遣って自重していたが、懇親会へのコンパニオン同席は続いた。それでも近隣市町ではとっくにコンパニオンは呼ばないと聞いていた私は、幾度か主張したので、懇親会などは年2回（今までは会期ごとに、年4回）になり、コンパニオンも呼ばないということになった時がある。けれども、私が落選して不在であった議会ではまた復活していた。この時は若い町長であったので、期待していたのだが、やはり男性論理はこうなのかとあきれたものだ。ひところの韓国旅行時の醜聞もわかるというものだ。

そんなわけで、いちいち言っても仕方ないので、私が男性方に合わせていたとでもいおうか。ともかく一人では多勢に無勢で一歩も進まない現実がそこかしこにあった。その中で特に心に残った事件を取り上げてみる。

先にも述べたように議員になりたての頃の12月定例会後の懇親会で、管理職の役場職員の一人が酩酊して、嫌な目つきで絡んできたことはまさに「さもありなん」の行為であった。

彼は後に、町長に言われて謝りに来たといって、自宅まで来たので、私は不承不承了解した。こういうところを見ると、橋本正士町長は女性の私には一応気を遣っていたらしい。私の初めての一般質問で女性係（女性問題の対策係）を導入したことでもあるし、先見の明はある方であったようだ。当時女性係（後の男女共同参画係）を設けている町村は珍しく、町長の英断には明るいものを感じたものだ。まずは一歩前進なのだ。

しかし、その後10数年たっている現在でも、女性の政治参画は皆無といっていいぐらいで、女性の地位向上には程遠いと、感じている。職員の女性管理職も一向に増えない。現町長の橋本正裕町長は、私の一般質問の中で、2年以内に男女共同参画推進条例を作るといっていながら、2年をはるかに過ぎた現在も、その兆しはない。

それらに思いを込めて、私なりの男女共同参画の理念が理解されることを願ってここに体験的事例を述べる。

体験的事例

私が議員になりたての頃は猿島郡（五霞町、三和町、総和町、猿島町）で毎年親善ソフトボール大会が開催されていた。時のオンブズマンが議員活動として公費で払われる経費は税金の無駄遣いだと指摘されていた頃である。その中の五霞町との試合の時、五霞町でも久しぶりの女性議員Sさん（公明党）の当選で、試合当日は彼女の華やかな衣装が目立っていた。法被を着た彼女の姿はまさに応援団長で、みんなからはやし立てられては、ソフトボール大会を盛り上げていた。それはそれで楽しいものもあったが、終了後、わが境町の議員たちが、

「境町でも事務局の女性と議員にやってもらおうじゃないか」と談笑しているのを聞いて、私は不快なものを感じていた。口には出さなかったが、それは議員としての本旨ではないだろうと思っていたからだ。

この一件を見ても女性がいかに飾り物であるかがわかるというもので、Sさんもそれを承知しているようであった。彼女に罪はないけれども、同じ女性議員としてはもう少し自重してもらいたかった。けれども今の時代、受けを狙うのも、ポピュリズムの選挙では仕方ない面もあるので、これ以上は言わない。ただもし私があのような所作を求められたら、はっきりとお断りしたと思う。意に沿わないことを強要される苦痛もまたセクハラであるに違いないからだ。

ちなみに私にとっては初登場の『さかいまち議会だより』１０８号にはその時の写真が表紙を飾っている。

何がセクハラなのか？

翌年の親善ソフトボール大会は総和町の工業団地内の野球場で開催された。終了後、総和町議員や職員との懇親会があった。楽しくカラオケなども出たりの会合であったと記憶するが、その席で境町議会の女性職員が総和町議員たちから抱きしめられたり、胸を触られたりの光景を目撃してしまった。彼女は何気なくふり払ってはいたが、見ていた私としてはとても不愉快であった。

翌日だったと思うが、少し顔見知りになった総和町の職員に、ことの顛末を言い、今後はないようにとお願いした。ところが、それが境町の事務局に入ったと見えて、当のその女性職員が自宅まで押しかけてきたのだった。

まずは直接総和町（現在は古河市）へ連絡したことへの疑問。そして驚いたことに、私がセクハラと思えたその行為を「今までにもあったことなので大したことではない」という意味のことを言うではないか。言い出した私が悪いことをしたような印象になった。

この女性職員のMさんとはＰＴＡ活動からの知り合いでもあったので、彼女も親しさのあまり言ってきたのだと思うが、何ともやりきれない思いがした。彼女は同僚の女性職員もそう言うことをセクハラとは感じていないようなので、何も感じていないからと、言ってきて欲しいと言われたとまで言うのだ。

ここに男女共同参画の根源があると私は、感じたのだが、多分いくら理屈を言っても理解されないと思い、平たく「それは悪かったね」と言うしかなかった。

先輩の女性たちがやっとセクハラの概念を定着させ、社会的にも認識されつつあった時であったので、この認識のずれには正直あんぐりとあいた口がふさがらなかった。

翌年の2001年（平成13年）の境町議会だより116号には再度ソフトボール大会の写真が表紙になっている。その年は準優勝ということでまた載せたのだろう。この親善ソフトボールは過去には結構続いていたようだが、私が2期目に入って間もなく、行われなくなった。

女性の地位向上に数は欠かせない

「太ったなー」

議員方にも不用意な発言をする方がいて、ある時、獣魂祭と称して町の施設である屠場の閉鎖儀式のとき、某議員が私にこう言った。「太ったな。女はいつまでも、死ぬまで細くなくちゃいけないよ。お尻触りたくなるようじゃないといけない」その時私はちょっと大きめのジャケットを着ていたせいもあったと思うが、どちらかというと太っているタイプではない私に言うのだから、これは完全にセクハラ発言。私もこう言った。「触られたくないからいいのよ」まあ可愛げがなかったかもしれないが、女性性だけに興味あるこのような発言は完全にセクハラ発言なのだ。そこには同等の議員というよりは一段下の者という対応しかない。男性同士なら絶対に言わないし、言えないことではないか。

このような発言は限りなくあったが、いちいち取り立てて言っても立場が悪くなるだけのことで、「しかと」するしかなかった。ここに複数の女性たちがいたらこんなことは言わなかっただろう。女性の地位向上には数も欠かせないのだ。

余談になるが、当時は横山ノック大阪府知事がセクハラ問題で大変な話題になっていた時でもあった。にもかかわらずこの地域の男性方の意識にはまだまだこのような時代錯誤の方もいたのである。

この横山ノック大阪府知事セクハラ事件は裁判で、日本では最高額の慰謝料を払った(1、100万)といわれている。恥を旨とする日本人のプライドはどこにと、情けなくなる事件であったのだが。これは一握りの男性方なのだと思うほかない。気づかない人はいつの世にもいるのである。

そんなわけで、私は早い時期2000年(平成12年3月定例会)に、一般質問の中でセクハラ問題を取り上げている。機会均等法改正に伴う、セクシュアル・ハラスメントのところを町ではどのように考えているのかを質した。職員にセクハラの研修はしたのかという問いである。回答としては「まだ研修はしていないが、女性対策係を通して、セクハラの研修を実施し、苦情処理体制を検討している」というものだった。

当時私の主催するライフ・ステップ・サークルでは、セクハラのアンケート調査を実施していた。公民館へ来館する方と、女性職員組合の方からの聞き取り調査であったが、その資料を基に質したのである。量的には少ないデータではあったが、当時としては何もないところから、質問するわけにもいかないので、メンバーのFさんに集計してもらった。この資料は、現在各所で行われている調査の回答とあまり違わないものだった。時間がたっているにも拘らず、同じような回答というのは、境町の女性施策が功を奏していないことでもある。少なくとも、私には一歩も進歩していないとしかみえなかった。集計されたこの資料は教育委員会へ提出したものの、その後、女性対策係は教育委員会から町長の部局である総務部企画広聴課に移管された。形ばかりの女性相談の窓口も、今は社会福祉課で行っている。私の質問も幾分かの成果はあったものと思っている。

アンケート調査の結果

ちなみにアンケート調査の結果はこうだ。つまり、セクハラを見たり聞いたり、あるいはされたという女性は女性全体の70パーセントであり、2割の方が実際にセクハラされていたということだった。そしてその相手の多くは上司であり、地域の長であったという。この結果には本当に驚いたものである。

東電廃トランス視察。2001 年２月 11 日 「止めようダイオキシン！」の藤原寿和さん（右端）と

旧庁舎での一般質問。教科書選定等を質問する。2001 年９月
質問者は私うちうみのみだった。

行政懇談会で発言する（長井戸集落センター）。2002 年９月

2章　市町村合併とは何だったのか？

1　2期目の選挙は無投票

おそろいのオレンジ色のTシャツを着て

２００３年２期目の選挙、つまり私にとっては3度目の選挙は質素ではあったが、かなり盛大になっていた。

おそろいのオレンジ色のTシャツを買いそろえて、今回は猿島町（現坂東市）で税金を考える会を主宰している木村陽司さんに事務長をお願いした。

出発式の司会は大学生になっていた息子が担当した。そろいのオレンジ色のTシャツを着て、ぎこちなくマイクを握っていた。

まずは地元区長代理の荒川博さん、後援会長になってもらったなかまの会のKさん、そして勉強会仲間の来賓の方々の挨拶と続いた。近隣の勉強会仲間とは披田信一郎取手市議、野口修つくば市議、朝比奈通子取手市議、中村博美水海道（現常総市）市議、地方政治改革ネットから村上佳代子三郷市議、宮本栗橋（現久喜市）町議、鈴木吉川市議、高橋改革ネット事務長、

県西地区地域づくり委員会ＯＢ会の山口真由美さん（常総市）と高橋加代子さん（古河市、）そして地元境町では志鳥の金久保久さん、と多彩で、それぞれに励ましの言葉

をいただいた。

そして候補者の私が挨拶。４年間ただ一人の女性議員としての実績を披露し、女性の視点が欠かせないことを訴えた。

恒例のだるまの目玉入れと事務長木村さんの頑張ろうコールと、野口市議の乾杯という具合に、前回よりはかなり整った感じになった。

無投票当選

また、この選挙以前には東京での女性問題の勉強会である水曜会のメンバーが４名で、公選はがきのあて名書きやチラシ作りに来宅し、作業してくれた。選挙当日も宮﨑黎子さんと髙畑和伎子さんが応援に駆けつけてくれて、街頭で応援演説をしてくれた。遠くからの応援は本当にありがたかった。真剣に聞いてくれた志鳥地区の方々の顔が今も目に浮かぶ。

この選挙はまた、無投票の噂もあったので、なるべく町中を重点にして、町内を一回りするスケジュールを立て、Kさんの案内で、町内くまなく回った記憶がある。演説は10数か所、野口市議、吉川千葉県議、披田市議等には各所で応援演説してもらった。

５時頃になって選挙管理委員会から連絡が入り、他に誰も立候補者がいないので無投票当選ということになった。

2期目の選挙は無投票だった
2003年8月26日

少し拍子抜けがしたけれど、ちょうど長井戸地区で吉川千葉県議（現在は東京都桧原村の村議）に応援演説をしてもらっていたところで、きりの良いところでやめて急拠事務所へ戻ったことだった。無投票は好ましいことではなかったが、当選は当選なのだからと、喜びの言葉が事務所にあふれていた。夕食はお祝いの席になっていた。ご近所の方がたと応援演説してくれた野口市議、吉川千葉県議、そして勿論、ライフ・ステップ・サークルのメンバーであり、お茶の間こんだん会メンバーでもある運動員たちを含めて、楽しいひと時となった。

ほんの一日の選挙運動で、無投票ということは私としては不本意ではあったが、その功績としては女性議員が私のほかもう一人誕生したことは、男女平等を推進する身としては大変良かったと思っている。

この選挙の1年前（２００２年）の1月には橋本正士町長が現役で逝去されていた。長らく病気療養されていた末の逝去であった。私が最後にお目にかかったのは1月2日の新年のご挨拶にうかがったときである。例年なら座敷へ上がってのご挨拶となるのだが、玄関先で一人ずつ新年のご挨拶をした。立っているのもやっとのようには見受けたが、それからわずか3週間後になくなるとは思いも及ばなかった。

何回かの議会が、町長不在で開催されていたが、その間、議会での答弁は職務代理の川辺允雄助役が行っていた。町長逝去に伴い急拠2月の町長選となり、現職議員から4名が出馬した。そして野村康雄議員が町長となったのである。同時に行った議会議員の補欠選挙では4名の新人議員が誕生した。そこへ任期満了の私にとっては2期目の議会議員選挙が行われたわけで、この時も4名の無投票議員が誕生した。都合8名の無投票議員ということになり、20名中8名が住民の審判を受けていないということはかなり疑問の議会となったことも事実である。

この1日の選挙ではあったが、そのほか改革ネットの片山郁子春日部市議、加納好子宮代町議（故人）も応援に駆けつけてくれていた。事務所はご近所の方々も含め、和やかなお祝いの席となっていた。

藤原寿和さんとむとう有子中野区議と。2003年9月23日

2　チラシ合戦の市町村合併論争

「三位一体の改革」

２００１年（平成13年）にスタートした小泉内閣は、財政再建のかけ声のもと、「三位一体の改革」を提唱した。この三位とは国庫補助負担金、交付税、地方分権の三位の意味で、もともとはキリスト教の教義からきている言葉である。これらの国の予算をそれぞれに削減あるいは縮減していくもので、地方分権とともに、小さな政府を目指したものであった。

この国の政治の流れの中で、市町村合併、道州制などが検討され始めた。つまり時の政権の方針であったのだ。その中で茨城県では県の合併案が作成されていて、境町は岩井市と五霞町との合併を予定されていた。

合併については私も議会で、当時の橋本正士町長に質問した。町長は古河市と猿島郡（総和町・三和町・境町・五霞町）の広域合併を考えていて、境町がその中心となるよう新庁舎建設まで考えていた。

合併に関して境町ではまず、青年会議所で２０００年（平成12年）11月5日、「広域合併を考える会」（五霞町、境町、猿島町３町の各青年会議所で構成・中村武彦会長）が開催された。そこでは、すでに調査した住民意識調査の報告がなされ、講師に元那珂湊市長の根本甚市さんを招いて、「広域合併――二十一世紀へのプロローグ」というテーマで、今なぜ市町村合併なのかの講演がなされた。根本さんは勝田市と那珂湊市の合併で、ひたちなか市を誕生させた方である。今回は明治、昭和と50年ごとの合併であり、全国的な平成の合併には大方賛成の方向で話された。

ちなみにその時の住民意識調査は五霞町、猿島町、境町の３地区のアンケート調査で、長く地域に住んでいるものが多く、年代が上の方は現状に満足のようで、若い方々は合併により町が発展すると考えているようだつた。この報告書は70ページの冊子にまとめられている。

しかし２００２年（平成14年）１月25日に長らく病気がちであった橋本正士町長が亡くなり、急拠町長選挙となったところから、合併問題も徐々に変容していく。

町長選挙

町長選挙は公職選挙法に則り、50日以内選挙となり、２月26日告示、３月３日投開票となった。町長の急逝で、短い選挙運動期間ではあったが、４人の候補者が立候補する激戦となって

うちうみ事務所でのお茶の間こんだん会。2002 年 6 月

いた。

その4名、町長を2期務めた議員の佐怒賀清志さん、議員4期目で議会監査役の光山光次さん、議員1期目でトップ当選だった野村和包さん、そして議員歴6期目の野村康雄さんである。野村康雄さんと光山光次さんは過去に町長選に出馬していた。

選挙結果は、野村康雄さん5、398票、野村和包さん4、693票、光山光次さん4、346票、佐怒賀清志さん1、502票であった。投票率は75・89パーセントであった。

現在（令和）、光山さんも佐怒賀さんもすでに鬼籍に入られている。年月のたつのは早いものである。

野村町長は、初めての挨拶の中で、「財政が立ち行かないのだから合併しかない。私はそのためにあと3年ほどで辞任することになるがやむを得ないと思っている」という意味の発言をしていた。

私はそれを聞いて、その自己犠牲的な精神に感動すら覚えたものだ。

「ただし2市5町は理想だが、期限内（2005年3月）とすると無理。まずはできるところからということになる。」と2002年（平成14年）5月~7月の2市5町合併懇話会で野村町長は述べている。

まずは県の案（岩井市、境町、猿島町）を受け入れる形で、賛成の意を表した野村町長は、折からの住基ネット導入の説明会のために行政懇談会を町内全域で開催した。その席でいち早く合併の必要性も述べている。8月から10月にかけて開催されたこの行政た。

懇談会の参加者は延べ約850名で、私もほとんどの会場へ出向き、住民の意見を聴いた。

会場での大方の意見は「合併のメリット・デメリットについて」、「これからの町のビジョンについて」、「合併に伴う特例債、公共料金、町税はどうなるか」等で、ほとんどの住民は合併については行政にお任せする、議会で決めてくれ、というものであった。町長の合併案に対しても特に異議はなかった。中には「町長が強い意志でやってくれたら子供たちが生まれてよかったという町になると思う。」という人もいた。

この合併のメリットとして経費の削減で職員や議員の削減につながること。特例債なども予算化されていて、図書館や児童館などの大きな工事もしやすくなるということ。そして何よりも町のイメージが上がり、行政サービスが向上することなどが挙げられていた。一方でデメリットとしては、役所が遠くなる。水道代や保育料が値上がりする場合がある、住民の声が届きにくくなる。などで、それぞれが一長一短あるものだった。

議会でも2002年8月に合併推進特別委員会を設置。1市2町（岩井市、猿島町、境町）の枠組みでの議論が始まった。

翌2003年1月から2月にかけて各市町でこの1市2町の合併についてのアンケート調査がそれぞれに実施された。

新庁舎での一般質問
住基ネット・図書室について等
2002年9月9日

境町での結果は7、300世帯、6、298通の回収で、回収率91・7パーセント。この調査をコンサルに頼むと800万かかるというので、すべて区長配布で回収とした。結果はこの案の合併に賛成52・9パーセント　反対16・4パーセント。どちらでもよい21パーセント。他9・7パーセント。というもので、どちらでもよいを入れると大方73・9パーセントが賛意を表していた。

岩井市、猿島町でも同様の賛成の結果が出たということで、境町では4月30日に1市2町（岩井市、猿島町、境町）の合併協議会設置が議会で議決された。

合併協議会

第1回の法定合併協議会は2003年（平成15年）5月14日に岩井市中央公民館で開催され、各自治体で職員3名、議員3名（境町では斉藤政雄議員、木村昭一議員、青木孝文議員）、一般住民3名（境町では小松原康之助商工会会長、倉持稔農業委員、斎藤哲生商工会会員）、それに各町職員の事務局を入れての30名という大所帯の協議会となっていた。のちに細かい部門ごとの小委員会も設けられ、私も境町議会代表で小委員会へ参加していた。この合併協議会では協議会便りが毎回発行された。それぞれの重要な決定事項（対等合併、庁舎の位置、名称等）が報告されていた。会報は10号にもなった。

市の名称は各自治体で募集し、小委員会で3案（坂東市、緑野市、将門市）に絞られ、翌2004年（平成16年）5月11日の第14回合併協で「坂東市」と発表された。確か境町の方が命名したと記憶している。

そして、この5月から6月にかけて、1市2町ではそれぞれ合併のための住民説明会を開催した。境町では6月2日の中央公民館など各地区5か所で開催され、延べにして1,600人ほどが参加した。

このように県の合併案で順調にいくかに見えたのだが、境町では同時並行で、反対運動が起ってしまった。

合併反対運動、「境町の未来を考える会」

5月28日の第15回法定合併協議会で大方の合併内容が提案されたにもかかわらず、いえそれだからこそかもしれないが、にわかに合併反対運動が各団体で起こり始めたのだ。特に「境町の未来を考える会（安井茂一郎代表）は町の中央に事務所を構え、毎日のように新聞折込のチラシを流し始め、合併はよくない、合併するなら2市5町（古河市、三和町、総和町、境町、猿島町、五霞町、岩井市）の広域合併にするべきと訴えていた。この事務所は「現在進められている岩井・境・猿島の3市町合併でなく、境町を中心とする7市町の合併を推進し、県西の中核市をめざす町民の会」との合同事務所になっていて、昼夜多数の住民が出入りしていた。

境町立第一中学校の運動会
であいさつする
2003年9月

ここでは、住民代表である町内の区長会、婦人会、などを通しての住民投票実施へ向けての署名運動がなされ、あっという間に９、５６５名の署名が集まった。会長の安井茂一郎氏はこれをもって２００４年（平成16年）６月17日、野村康雄町長へ趣意書を届け要望した。その趣意書には（以下要約）

「境町の未来を考える会」は個人的な思想や政治的意見の違いを超えて、私たちの郷土である境町を愛する立場から、境町民の利益を優先に境町・岩井市・猿島町の合併問題や、境町の未来の町づくりを考える会である。今行われている法定合併協議会は茨城県と岩井市が主導していて、境町には利益がない。３月に境町議会で議決された【町民の意思を問う住民投票条例】に基づいて、町長が住民投票を執行することを要望する。平成16年６月17日　境町の未来を考える会

とある。二枚目の書面には発起人29名の名前が連なっている。商工会長安井茂一郎さん、元町長で農業委員会会長佐怒賀清志さん、老人クラブ連合会会長篠塚正夫さん、境町商工会副会長（後に会長）の池上仁さん、元議会議員の光山光次さん、元茨城自治労連執行委員長の金子勉さん、等々、そして現職議会議員（当時）秋元守さん、新谷一男さん、木村信一さん、篠塚貞夫さん、兵頭健児さんという具合に。（すでに半分近くの方は鬼籍に入られている。）

この署名簿の中の名士の名前を見て、一般の住民は署名しなくてはならないという付

度のようなものが働いたのではないか。私の町内では私が賛成派であるにもかかわらず、ほとんどの方が署名していた。中には内海を応援しているのだから書けないといった方もいたらしいが。

二分された議会

ちなみに、法定協で決定していた事項の提案内容の主なものは、合併の方式は新設対等合併。合併の期日は２００５年（平成17年）３月22日。新市の名称は「坂東市」事務所は分散方式とし、岩井庁舎に総務、企画、市民、環境、商工観光等の部門。猿島庁舎には保健福祉、農政等の部門、農業委員会。境庁舎には企画（電算）、交通防災、建設、教育等の部門、議会。財産や議員に関しては今後協議とし、地域審議会を設置するなどというもので、詳細については今後の調整が必要という段階であった。

反対運動が起こったのは、こうした内容に不満だったのだろう。

それにしても１か月もしないうちに１万近くの署名を集めてしまったのだから、何ともすごいことになったものだ！

そしてまた、この時期に私たち議員にも公開質問状が来ていて、住民投票に賛成か反対かを問われていた。この結果は６月28日のチラシに公表され、20人の議員は賛成派10人反対派９名（議長は中立）という状況になっていた。議会が二分されてしまったのである。

これら反対派の活動のチラシや看板等は言葉が平たく、文字も大きく、資料も住民の関心が高い、保育料や水道料、税金などの問題を取り上げていたので、分かりやすかったのではないかと思う。

賛成派の運動

これに比べ、賛成派の運動は始まる時期が遅かった。「住民に確かな一票！ 公平で正しい情報をお知らせする会」として中央公民館講堂で、県庁からの担当職員を講師に呼び、大勢の住民を集めて説明会を開催していたのだが、時期が遅かった。また10ページにわたる詳細な資料も、今考えると細かすぎた。とてもよく町の実態が分かる確かな情報だったのだが。本格的過ぎたのかもしれない。住民から見れば分かりやすいチラシの方が理解しやすかったということだろう。どちらが正しいのか、住民には調べる材料根拠もないのだから、チラシのままに揺り動かされてしまったのだとしか思えない。

境町職員組合も反対

これらの活動に加え、境町職員組合も反対派に属し、「住民と自治」というチラシが5月28日と5月31日に新聞折り込みされた。そして「合併問題を考える集い」を6月4日と17日に開催し、それぞれに茨城県自治体問題研究所の事務長や理事をよんでの講義がなされていた。この会合は主催が「境町の未来を考える会」で、後援として、「境町議会内・創生会有志」「境町自治体問題研究会」「茨城自治労連境町組合」となっている。

臨時議会――住民投票実施を決める

そして2004年（平成16年）7月5日に臨時議会が開催された。これは6月25日の第16回の法定合併協議会で、境町での住民運動や議会が二分されている状況に、合併協から疑義が上がり、7月5日までに境町議会の統一見解を示すよう、強硬な申し入れがあったからだ。

2004年7月5日、その日の境町議会は「境町の未来を考える会」の署名を付けた要望書が可決されるかどうか、つまり住民投票実施が決定するかどうかが決まるというので、朝から大勢の傍聴者が押しかけた。傍聴席には入りきれず、モニター室を開放する騒ぎとなっていた。約200人ほどの傍聴者がいたと記憶している。後にも先にもこんな数の傍聴者は見たことがない。

この臨時議会で「未来を考える会からの9、565名（のちに追加されて1万758名）の署名簿が出されたのを受けて、住民投票の実施の是非について議員間での討論がなされた。

賛成意見を述べる

私は賛成の意見を述べた。討論の原稿から抜粋してみる。

まずは前置きとして、境町の合併推進特別委員会で調査研究し、協議してきた、1市2町の合併協議会の設置も議決している中での

合併に賛否両論のチラシ合戦
2004年7～8月

この議論はおかしいと切り出し、賛成の意味を2点に絞って述べた。

第一は抽象的ではありますが、環境の浄化、政争の町からの脱却です。選挙のたびに金品が飛び交う様を見てきた私は、今回もその気配を感じる。財政基盤をしっかりさせて子供たちへ良い未来を残したいということ。

2点目は、具体策として交通網充実の希望が持てるということです。歴代のリーダーたちは鉄道は望めないといっていますが、首都圏から50キロという地の利は活用すべきと言い、

最後に議員として、

私たち議員は住民の皆さまの代弁者であることは勿論ですが、未来のこの地域に真摯に責任を持つ立場でもあります。よく私の言うことは理想だといわれますが、私たちが理想を語らなくて誰が語るのでしょうか。本当に未来を考えるのなら、次の世代の方が夢を持てるようにしていくのが私たち大人の使命ではないでしょうか。この町だけでどんな夢が描けるのでしょう。私は合併してこそ大きな夢が描けると思います。未来の住民の方には大いに世界へ羽ばたいてもらいたいという気持ちを込めて賛成といたします。

この外、若い橋本正裕議員（2014年から町長）も賛成討論をした。この討論はこれまでの法定合併協の経緯や、「未来を考える会」の主張を簡潔にまとめていて、議事録5ページにわたり、1市2町の合併推進を求める意見書に対する賛成討論としている。

その主張は傍聴者の共感を得たと見えて、拍手が起こったほどだ。(本来傍聴者は拍手してはいけないのに!) そのほか木村昭一議員、公明党の田山文雄議員、関稔議員などが賛成討論を行った。

反対討論は

これに対して反対討論は木村信一議員、兵頭健見議員、秋元守議員、共産党の久米洋子議員、古参の稲葉穆議員等であった。

かくして意見書案の「岩井市・猿島町・境町の合併推進を求める意見書案」は賛成多数で継続となり、「岩井市及び猿島町と合併することについての町民の意思を問う住民投票実施を求める決議案」は賛成多数で採択となった。ここに議員間での賛成反対が確実に二分されたのだ。反対派議員の方が多数を占めたというわけだ。

私たち賛成派にとっては、不本意な成り行きとなってしまった。当時の議長自らが実際には反対派だったらしいので覚悟していたこととはいえ、中立であるべき議長がそうではなかったことに失望した。議長は我が意を得たりとばかりに、これが民主主義だと豪語していた。

私の賛成論

正直なところ、議員になって2期目の私にとっては、市町村合併はどちらにしても大変エネルギーのいる問題であった。どちらも一長一短があるこの問題は私を悩ませた。

理想的には小規模自治体の方が住民に手が届くということもある。しかしながら、町と市では経費は格段の差があるのも事実。職員や議員の給与や報酬も格段の差がある。大きくなれば税収も上がり、それだけ発展的な政策が可能になる。私はこの地へきていつも思ったことは、交通の便が悪いことだった。少なくとも交通の便はよくなるのではないか。

この地域が陸の孤島といわれ、超保守の地盤になっているのも交通の便が悪く、産業や文化の流入がなかったからだ。したがつて住民はお上の言う通りに、かつて1町4村の合併を行った。その明治の合併では23町村が1町4村となるには、議論から17年の時を経ていると『境の生活史』に記されているから、合併はいつの世もエネルギーがいることらしい。1町4村から一つの境町になるときも竹槍をもっていったという話もあるから、境町のDNAは半端ではなかったようだ。それは1955年（昭和30年）の合併時の話だが、今回は平成の合併である。バブルがはじけて右肩上がりでなくなった国の策としては当然のことであったと思う。時の小泉首相の郵政民営化への思いを訴える政見放送は鬼気迫るものがあったのを覚えている。

私個人としても、人口減の時代へ入り、財政が逼迫していくのを見るよりは、町の器を大きくして、財政の確保をするべきと考えていた。また一方においては超保守の地盤を耕すには、様々な業種の人材交流や価値観の流入が望まれるとも感じていた。私の賛成論は今までのこの町での選挙を見てきたからに他ならない。「モノカネ」でない真の政治理念こそ大事と考えたのだが、住民の思いは少し違っていたようだ。

正直言うと従順に国の施策である行政改革を受け入れようとしていた私と、昔栄えた由緒ある町としての誇りを背負う住民たちとでは、その愛町精神には格段の差があったのだ。突然の反対運動にもかかわらず、ご近所でもほとんどの方が署名していた。（この町ではよく署名集めがあり、中身の吟味もしないで署名することがあった。）けれども議員である私としては自分の首を切るようなことはできなかった。まだ2期目という立場では先輩議員方に同調するしかなかった。

いずれにしても私の勉強不足であった。政治の世界の、ある意味男性社会の社会に戸惑った。

蛇足ながら、その時の動議提出者は、篠塚貞夫議員、秋元守議員、遠藤幸保議員、稲葉穆議員、篠塚勲議員、新谷一男議員、兵頭健児議員、中村和三郎議員、木村信一議員、久米洋子議員の10名である。

この臨時議会の様子は私の議会報告『きりどおし』の中に投稿記事として書かれているので、引用する。

今までにない傍聴人で庁舎5階は溢れ、4階モニター室もいっぱい。臨時議会は定時に開始したものの10分後には暫時休憩となる。この間「時間をさいてきたのに」と残念そうに帰る人……中略……「来てくれというから聴きに来たのに大事なことは別の部屋で決めて、ここでは決まったことしか話さないのか。住民を馬鹿にしている。」と怒る人等々、……中略……結局二時間待たされ、再開後は一時間弱で終了。住民投票はいいが、実施を求めている側の趣旨が説得力に欠ける。議会は二分。合併を強く進めていた町長のあいまいな態度。議長の進行の悪さ。これだけの傍聴者を前にしてなんともお粗末な臨時議会だった。y・k

2004年（平成16年）7月9日、1市2町法定合併協議会第17回の席で、境町での住民投票実施と合併協からの離脱が正式に報じられた。

こうして1市2町の合併は、調印日予定のわずか2週間前になって、完全に破綻したのだった。

その後、岩井市と猿島町は8月12日に新たな合併協を発足させ、1市1町で合併の方向で協議が再開された。そして、なぜか公募した坂東市という名称で翌2005年（平成17年）、新市が誕生したのだ。

この内容は各新聞で報道され、誰もが合併すると思っていただけに住民は戸惑いの中で、喧々諤々となったことだった。

住民投票のための説明会

境町で「住民投票の実施を求める議案」が採択されたことを受けて、急拠住民投票のための説明会が開催された。投票日は9月12日と決まり、すでにできていた住民投票に関する条例に基づいて、18歳以上が投票でき、投票率が50パーセント以下の時は開票されないというものであった。

8月5日から31日にかけて町内各行政区で15回にわたり住民投票についての説明会が開催された。43カ所で、参加人数は最高参加地区では85人、最低は16人、合計で1、600人余りが、この住民投票についての説明を聞いたことになる。私もそのうちの24カ所に参加したので、そのメモからの住民の声をここに披歴しよう。

・合併に反対としないで署名を集めた「境町の未来を考える会」のやり方は大変不愉快である。(上仲町)
・新聞折込のチラシは正しいのか。行政回答「ほとんどでたらめである。いろいろあるがわからない時は役場企画広聴課へ聞い合わせてほしい」(新吉町)
・合併してよいのか悪いのかわからないが町長が強い意志でやってくれたら子供たちが生まれでよかったという町になると思う。お体を大切にやって下さい。(拍手)(松岡町)
・今2市5町の合併の署名がなされているようだが、古河市から岩井市まで全部の合併協議会を解散しない限りそれはできない。(半村県議)
・猿島町の人から境町の町長は合併に反対と聞いているがという質問に対し、町長の回答は「まったく心外である」(旭町)
・3年前のJC(青年会議所)の会合で合併したひたちなか市の根本市長(当時)の話

では首長がやる気があるなら必ず合併できると言っていた。ここにいる内海議員も聞いていていたと思うが、誰に気を遣っているのか。（下砂井）

・投票率を50パーセントにしよう。参考までに区長会としては賛成としている。（上小橋）

・喜友会（中村喜四郎さんの後援会）が反対運動をしているようだ。20年も応援してきて損した。国の方針なので国会議員ならまとめるのが本当だろう。喜友会はやめた。（内門新田）

・岩井市、猿島町は法定合併協議会の決定に従っている。境町だけ何故住民投票なのか。（喜五郎）

・昭和の合併は右肩上がりの時だったが、今回は全く逆の状況なので、相当の政治力がなければ期待できない。説明はあくまで説明である。悔いのないように投票しよう。（志鳥）

そして町長は経過報告の中で言った。「話し合いで解決できればよかったのだが、その機会もなく甘さもあった。不本意であり反省もしている。署名と議会の議決でやらざるをえなくなった。いろいろな情報があるが、町の資料が真実である。50パーセントを超えないと開票しない。皆さん一人一人が未来を決めてほしい。（塚崎2区での発言）

また境町職員組合ではチラシに「みんなの声」として次のような文章があった。

1市2町の合併に反対する隠れた意図は何なのか？合併しないメリットは言わない。合併をしなかった場合の「境町の夢のある将来像」は何も見えてこない。（中略）もし合併しなかった場合、未来を背負って生まれて来る人たちは、自分の子供たちに「何故境町はまださるしま郡（猿島郡）でたった一つの町なの」と聞かれ、なんて答えれば納得してくれるのでしょうか？　反対している方で、子孫が納得いくような理由がある人は、50年後、遠い空から子孫に教えてあげてください。（境町職員組合の未来を考える組合員より組合委員長あての投書）

いずれにしても毎日のように賛成派・反対派のチラシ合戦となり、私から見れば正当な情報は棚上げ状態で、賛成派としては正しい情報を伝えなければということになった。

２００４年8月11日境町文化センターで「（仮称）本気で境町の未来を考える会」の発起人会を開催した。会合では青年会議所、４Ｈクラブ（青年農業者のグループ）、五輪会（踊りの会）、婦人会、等各種団体の代表50名ほどが集まり、ともかく正しい情報を伝えようということになった。

続く8月17日の発起人会では名称を「住民投票に確かな一票！公平で正しい情報をお知らせする会」とした。これは合併協の代表メンバー３名（小松原康之助さん、倉持稔さん、斎藤哲生さん）の報告の中に書かれている。

この会の代表は小松原康之助さん、副会長は倉持稔さん、事務局長に斎藤哲生さん、会計及び監査は境町青年会議所と４Ｈクラブから選出となった。これらは合併協のメンバーである3名に反対派は積極的に運動しているのになぜ賛成派は運動をしないのかという、各組織の代表者や学識者等からの要望があり実現したものだった。

賛成派の決起集会

そうして、８月の各行政区での説明会のさなか、８月22日日曜日の夜、境町中央公民館大ホールで賛成の決起集会が開催された。会場いっぱいの熱気にあふれた中で、町執行部や県のアドバイザーが挨拶をした。この様子は翌日23日の茨城新聞に写真入りで載った。記事によると参加者は約１８０人。

（前略）「お知らせする会」の小松原康之助代表は「合併説明会を開いたにもかかわらず「考える会」からいろんな話が流され、情報が錯綜している。こうした中で住民投票を実施するのは極めて危険」と話したうえで「合併に対する正しい情報を町民に提供していきたい」と話したとある。

ここからまた、住民たちの二手に、いえ幾通りかに分かれた住民活動がそれぞれ頻繁にされることになる。大方は「住民投票しょう」反対しよう」あるいは「賛成しよう」というもので、これも毎日のようにチラシが新聞に折り込みされていた。

チラシの一部を紹介すると、「公平で正しい情報をお知らせする会」では

「おじいちゃん、おばあちゃん、正しいはんだんをお願いね」と優しいチラシとともに私から見れば正しい情報を入れ、

「境町を想う会」では1市2町の合併を実現させるために「今出回っている情報は怪文書が多い」と投票を呼びかけた。

一方反対派である「境町の未来を考える会」では会長の安井茂一郎さんの名前で「悪質な謀略ビラに惑わされることなく、境町と住民の暮らしを守るために、今回の1市2町の合併についての住民投票では反対欄に○をお願いします」と訴えていた。

怪文書

当時の斉藤政雄議長は反対派で動いていたので、彼の仲間たちのスキャンダラスな怪文書が私のところへも古河市の方から届いていた。限りなくグレイではあったが、私には皆目わからない闇の中のこと。内容は、海外で議員たちが女性と遊んだという情報。写真もあるといっていたが、結局は何もわからぬまま、うやむやになってしまった。

そのほか、私のところへ反対派の女性から電話があり、名乗らずに、私の賛成論はおかしいとまくしたてた。私も激高しそうになるのをこらえて、意見を聞いた。名乗らなくとも、その声で、傍聴に来ていた女性とわかっていた。

ずっと後になって、議会傍聴へ来た彼女とエレベーターの中でばったり出会ってしまった。彼女はバツ悪そうに眼をそらした。私も無視するしかなかった。あの嫌な思いはもうたくさんだ。彼女ばかりでなく、仲良く話していた人たちが一瞬にして手のひら

を反す様を幾度か見てきた。あのエネルギーはどこから来るのか。そんなに自信をもって、未来がわかるのか。私にはそれこそ根拠のない言い分にしか思えなかった。彼女たちはただ単に故郷がなくなり、日常がなくなるように錯覚をしていたのではなかったか、と、私には思える。どんな状況になってもこの地域、生活はなくならないはずなのに。

1市2町合併は反対多数

そんなこんなの情報合戦は投票日まで続いた。賛成派、反対派ともに、広報車でそれぞれの思惑で前日まで訴え続けていた。

そして2004年（平成16年）9月12日住民投票の日を迎えた。即日開票の結果は、賛成　6、124票、反対　8、699票となり、岩井市と猿島町との1市2町の合併は反対多数となったのであった。当日の有権者は2万2136人。投票率は67・77パーセントで、条例による有効となる50パーセントを超えた。

報道によると

結果について、合併反対派の「境町の未来を考える会」の安井茂一郎会長は「小さな合併に町民が反対の意思を表した。会として、大同合併を目指していきたい」と語った。合併に前向きな「住民投票に確かな一票!公平で正しい情報をお知らせする会」の斉藤哲生事務局長は「町民のためにやってきたことが否定されて残念。町の方向性を見守っていきたい」と無念さをにじませたとある。

この思いもしない結果に私たちは唖然としたのだが、2、575という差はこの町の住民が本当に反対であったのだとしみじみと感じたことだった。

先にも述べたが、昭和の合併で1町4村（境町、長田村、静村、猿島村、森戸村）が合併し、現在の境町となったときも、志鳥地区では竹槍を持っていく算段までしていたというから、この町のDNAは反骨精神にあふれているらしい。

後に聞いたところによると、斎藤政雄議長自らが、岩井市に有利な合併だといって、議長自ら反対の方向の発言を合併協でもしていたということだ。そうした議長の態度が議会を混乱させたということで、議長不信任案まで、考えられた時期もあった。

同様に、町長に関しても合併を推進していながら、曖昧な言動もあり、町長自らが反対するよう各人へ電話していたという噂もあった。

結局は合併するなら、鉄道がある古河市の方がいいということになっていったようで、署名簿のとおり、「境町の未来を考える会」の主張が認められたわけだ。

あの嵐のような反対の旋風はどこからやってきたのだろうか。私の知っている住民は県の案通り賛成になると考えていて、投票しな

那須町へ視察。境町議員と
2014 年

かった方もいた。住民投票は手段として何でもありの、公職選挙法外でもあったので、こうした情報合戦になってしまったようだ。ここに住民投票の危うさと難しさがある。EU離脱を決めた英国の国民投票も、英国住まいの方に聞くと、離脱するわけはないと考えていたというから、やはり同じような落とし穴があるのかもしれない。しかし民主主義のルールであるので、自分の意にそぐわなかったからと嘆いても遅いのである。

しかしながら2、000票以上も差をつけて反対が多数となったということは、この町の者は本当に望んでいなかったということなのだろう。この後は合併反対の意見に従わなければならないのが民主主義のルールというものだ。

合併賛成派にとっては悪夢

この事態は賛成派にとっては悪夢でしかなかった。

分からないながらも仲間を信じ行動した私は、この住民の決断には少なからずがっかりした。けれどもよく考えてみると、議員としてスタートした時から、こうした住民と議会との乖離を、様々なところで感じていた私である。町政や議会・議員に対する無関心、誰がやっても同じという考え、そして地縁血縁の選挙である。この合併論争のずっと後になって、そうした住民意識の根拠がどこから来るのか、おぼろげながらわかってきた時があった。それは現在の橋本正裕町長が境町を見学に来たある町の議員団へ境町の説明をしている中での発言にあった。

彼は境町の特異性として、縁戚関係の密、血縁関係の密等、およそ私が何かおかしい

梨の花 一輪

梨の木舎　〒101-0061 千代田区神田三崎町 2-2-12 エコービル1階　T.03-6256-9517 F. 03-6256-9518　info@nashinoki-sha.com

2021年2月18日（木）

全豪オープン準々決勝実況中。大坂なおみと謝淑薇。謝もテクニックをもった人のようだが、大坂のたたかいぶりはすごい。軽快なフットワークとラケットコントロールの見事さ（解説者曰く）。大坂なおみの美しい筋肉に目を奪われる、が、森喜朗の女性蔑視発言に、「無知」でしょ、と言い放った言動のゆるぎなさには数倍心を奪われる。

★

さて新刊は、

『ラブコールさかい　女に議員はムリですか?』

――境町初の女性議員の体験をあなたにつなぐ　著者：内海和子

A5判　写真多数　定価1700円＋税

茨城県境町で町議会議員を、4期つとめた内海和子さん著。次世代にバトンをつなぐ奮闘記。

森喜朗さんに、この本をそのまま進呈したいぜィ。

境町を、宮崎黎子さんと訪ねたのは去年の春だったか。東武動物公園駅まで、和子さんとお連れ合いが車でむかえにきて下さった。利根川を渡ると境町に入る。かつては水運業でも栄えた。利根川の河原で繰り広げられる大花火大会は、近隣から十数万人もの観客を集める。去年はコロナのために中止、だがネットでも見られる。タブレットの小さい画面でも、目が離せなかった。花火師という職業は、この1日のために1年を掛ける。

町議会場を見学させていただいた。ここが内海さんのたたかいの場ね。町長や町当局とどんなバトルがあったのか? 本文をご覧ください。

お昼をと入ったレストランで、ばったり橋本正裕町長とあった。「ヨウッ、内海さん、ボク頼んどいたピザ取りに来たんだよ」。気取らない若々しく軽快な町長だった。新しい提案を次々と打ち出し、若い住民も呼び込んでいる。

内海さん宅で、初校のうちあわせをしたあと、帰りがけ隈研吾の設計という道の駅によった。銘酒徳正宗をお土産に買い、さしま茶を頂いて帰路についた。冷蔵庫で冷やして、一人酒。うまいなア。ヘンボクカムニダ。つまみは調達してきた干し芋。お陽様の匂いだ。

★

「喜朗を救いたい」という動画が送られてきた。「せや

●教科書に書かれなかった戦争　Part 66

歴史を学び、今を考える

―戦争そして戦後

内海愛子・加藤陽子 著

978-4-8166-1703-4
A5判／160頁
1500円+税

◉目次　1部　歴史を学び、今を考える／それでも日本人は「戦争」を選ぶのか？ 加藤陽子／日本の戦後――少数者の視点から 内海愛子／2部　質問にこたえて／「国家は想像を超える形で国民に迫ってくる場合がありま す」 加藤陽子／「戦争も歴史も身近な出来事から考えていくことで社会の仕組みが見えてきます」 内海愛子／資料 年表「戸籍・国籍の歴史」

●教科書に書かれなかった戦争　Part 70

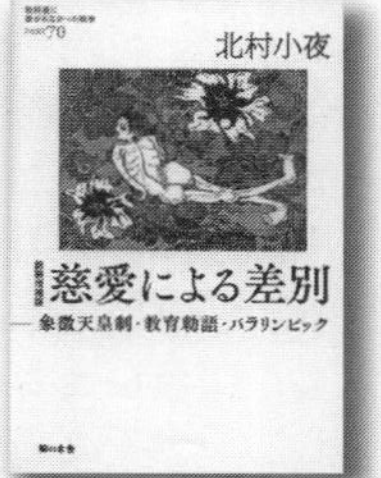

慈愛による差別

―象徴天皇制・教育勅語・パラリンピック

北村小夜 著

978-4-8166-2003-4
四六判／ 258頁
定価2200円＋税

◉目次　序章　軍国少女はつくられた／第二章　分に応じる障害者・分を越える障害者／第三章　障害者を排除し続ける学校／第四章「健康」もスポーツも人間のものでなくなった／第五章「巡幸」にあやかる人・犠牲になる人／増補１　天皇制と道徳の教科化／増補２　パラリンピックは障害者差別を助長する／増補３　教育勅語から脱却できない日本人／新装増補版　あとがき

●教科書に書かれなかった戦争　Part 69

画家たちの戦争責任

―藤田嗣治の「アッツ島玉砕」をとおして考える

北村小夜 著

978-4-8166-1903-8
A5判/140頁
定価1700円＋税

作戦記録画は、軍が画家に依頼して描かせた。画材も配給された。引き受けない画家もいた。1943年のアッツ島玉砕の後、藤田の「アッツ島玉砕」は、国民総力決戦美術展に出品され全国を巡回した。東京の入場者は15万人、著者もその一人で、絵の前で仇討ちを誓ったのだった。

◉目次　1　戦争画のゆくえ　2　そのころの子どもは、親より教師より熱心に戦争をした　3　戦争画を一挙公開し、議論をすすめよう！

●教科書に書かれなかった戦争　Part 71

対決！ 安倍改憲

―東北アジアの平和・共生と新型コロナ緊急事態宣言

高田 健 著

978-4-8166-2004-1
A5判/173頁
定価1600円＋税

『週刊金曜日』連載　2017～2020年

市民と野党の共同の現場からの熱い報告。分断を乗り越え、日韓市民の運動の連携を実現した30カ月の記録。

◉目次　1章　連帯と共同の輪を広げる　2019年12月5～7日「北東アジアの平和共存に向けた日韓平和フォーラム」韓国感江原道春川市での報告　2章『週刊金曜日』連載① 2017―2018年の動き　3章『週刊金曜日』 連載① 2019―2020年の動き

しゃべり尽くそう！私たちの新フェミニズム

望月衣塑子・伊藤詩織・三浦まり・平井美津子・猿田佐世 著

◉目次　言葉にできない苦しみを、伝えていくということ・伊藤詩織／女性＝アウトサイダーが入ると変革が生まれる―女性議員を増やそう・三浦まり／「先生、政治活動って悪いことなん？」子どもたちは、自分で考えはじめている―慰安婦」問題を教え続けて・平井美津子／自発的対米従属の現状をかえるために、オルタナティブな声をどう発信するか―軍事・経済・原発・対アジア関係、すべてが変わる・猿田佐世

978-4-8166-1805-5
四六判 /190頁
定価1500円＋税

韓国現代史の深層

―「反日種族主義」という虚構を衝く

金東椿 著／李泳采 解説・監訳／佐相洋子 訳

韓国の支配エリートを構成している親日派の歴史的起源を掘り起こし、『反日種族主義』の虚構を明らかにする実証的韓国史。

◉目次　1章 民衆は国を失い、国は主人を失って―植民地と分断／2章「自由世界」の最前線―国家宗教になった反共・親米／3章「闘いながら働いて、働きながら闘え」―近代化の影／日本語版への補論・日本における『反日種族主義』旋風を批判する

978-4-8166-2002-7
A5判／352頁
2800円+税

奪われたクリムト

―マリアが黄金のアデーレを取り戻すまで

エリザベート・ザントマン 著
永井潤子・浜田和子 訳

◉20世紀最大の美術品スキャンダルを追う。

著者から日本の読者へ――「マリア・アルトマンが、自分が相続した「黄金のアデーレ」を取り戻そうとしたとき、小さなニットウェアの店を営んでいて、80歳でした。奪われた絵を取り戻す計画が長期の、神経をすり減らすたたかいになることがわかったのちでも、決して怯みませんでした」

カラー口絵・
本文２色刷り
978-4-8166-1902-1
A5変型 /172頁
定価2200円＋税

●教科書に書かれなかった戦争　Part 68

過去から学び、現在に橋をかける

―日朝をつなぐ35人、歴史家・作家・アーティスト

◉目次　1 自分で考え、生きていくということ／2 気づきのために対話を重ねる／3 声をあげ、行動しよう／4 抑圧されている人の側で／5 過去の歴史に向き合うこと／6 助けたり、助けられたり、ほんとうの友だちとして

「いま発言しないで、いつ発言するのか」辺見庸

斎藤美奈子／三浦綾子／平山郁夫／網野善彦／石川逸子／丸木俊／海老名香葉子／小田実／三國連太郎／山田洋次／渡辺淳一／辺見庸など日朝をつなぐ35人へのインタビュー。

978-4-8166-1802-4
A5判 並製／ 196頁
定価1800円＋税

ろがい」というお笑い芸人さんが発信している。痛快。こんな感じ。

――喜朗に対するバッシングが続きちょっとした森林伐採状態になってる。どうしてもおまえに伝えたいことがあって、親しみをこめて喜朗と呼ばせてもらうよ。

まず喜朗、発言の問題点を理解せずに謝罪しているんとちゃう？

「女性が多いと会議が長くなる」という発言は科学的根拠がない。過度の一般化はステレオタイプや偏見を助長し差別を生む。

喜朗はそんなつもりはなかったと言うかもしれない。だが喜朗の言葉には女性を蔑む効果があった。無意識の差別が言動に表れ、誰かを傷つけてしまう。これをマイクロアグレッションと言うらしい。

自分の差別心を認めるのは恥ずかしいし怖い。だからイヤだ。

「差別意識は鼻毛みたいなもの」

誰かに鼻毛出てるよ～って言われたら、めちゃくちゃ屁理屈言って取りつくろうのと、ああそうといって鏡見てプチンと切って、「教えてくれてありがとう」というのとどっちがカッコいい？

差別意識に気がついて、その感覚をアップデートしていけるか？

人間いくつになっても変われるぞ。

辞任して、女性差別発言は許されないという発信を社会にしてくれ。

そしてこの一件をうけて、「日本の男性、どうしますか」それが問題なんや。

――と大スジこんな感じだ。

喜朗には日本社会の問題点を、大いに掘り起こしてくれたことによって感謝状を。

三浦まりさん、帯の文章をありがとうございました！パリテCAFEを至るところに作りましょうね。いつか車を改造して移動するパリテCAFEってどう。内海さん、議会傍聴から始まる内海さんと仲間たちの体験は次の世代に必ず引き継がれます。いつか利根川河川敷でビール片手に大花火大会を観たいもの。

★

私事ですが、2月2日に緊急入院3日に手術しました。経過は順調です。しばらく長野で静養します。

梨の木舎とCAFEは、みんなが回してくれています。お近くに来たらお寄りください。コロナの折でもあります、どうぞ皆さまご自愛くださいますよう。　（羽田）

と感じていたものを当然のこととして受け入れ、自慢していたのである。彼が自慢する人脈の豊かさは親戚関係の密によるものであり、それは祖父の町長からの遺産でもある。彼にとってはごく当たり前のなりゆきなのだ。のみならず、そのことに彼は誇りを持っている。それを彼は境町の特異性として説明していたのだ。それが町の特徴であり、特異性であると。確かに選挙時の親戚筋の協力は大変なもので、そこには政治理念ではない情緒優先の思いがあったようだ。そして誰もそのことに疑義を唱える者はいない。境町は情けの境町なのだから。

あれほど争った合併についても、この論理というか情緒の中でまとめられたに違いない。あの2,000以上の得票の差はまさしく、由緒ある境町の誇りなのだ。その決意は固かったということではないか。そんな中で、私のような他地域から来た異邦人が合併のメリットを唱えたところで、聞く耳は持たなかったのだ。つまりは日本社会独特の甘えの構造がここには色濃く残っているというわけだ。

現在、町をけん引する若い町長

現在（2020年）合併破たんから15年を経た境町は橋本正士町長の孫である橋本正裕町長が、斬新なアイディアで、町をけん引している。若さ溢れる町長の肩に今後の境町の100年がかかっていると考えると、私がかかわった10数年など、ほんの一瞬でしかないのだ。

3　住民からの議会解散請求運動起こる

議員定数削減

住民投票で合併反対となった境町では、2004年9月議会で議員定数の削減と特別職や議員の報酬削減案が可決された。

定数削減案は最大の財政改革であった合併が破たんしたために議会内から提案されたものであった。もともと20名では境町規模にしては多すぎるのではないかという声は以前からあり、私自身も優秀な議員による少数精鋭での運営がよいと考えていた。何も発言しない議員が幾人いても仕方ないからだ。（当時の議会での一般質問者などを見ていてそう感じていた。）削減された議員の報酬だけでも町経費削減につながるというものだった。

また、町長以下の特別職に関しては合併を推進していた町長が自ら責任を取る意味で自主的に提案されたものである。それぞれ町長は3割カット、教育長・収入役は2割カット。それに合わせて議員も1割カットとした。議員が1割なのは私が議会へ上がる以前にすでに1割カット（議員数を削減しない代わりに）をしていたからである。

ちなみに議員報酬は1割カットの時に月額28万6、200円（私の最初の報酬）この時点の1割カットで25万7、000円ということになり、その後は退任まで同じである。この額は近隣市町では最低のものである。むろん町長、教育長などの特別職は議員以上の報酬であるのでその差額だけでもかなりの数字になる。

その後の齊藤政一さんによる住民を巻き込んだ議会解散運動ではこの報酬削減をうたい、今解散すれば3年間で約1億の議会経費が削減できるというもので、合併できなかった責任の一端を議会にも取らせようとしたのだった。


私は、町長の責任は辞職ものと考えていたが、町長が住民投票が賛成多数となった時点で早くも単独行政を目指すという趣旨の発言をしたので、それも仕方ないのかと、認めざるを得なかった。あんなに合併を推進していた町長なのに、住民投票の結論を認めたのである。

この議会の開会前に、町長は自らの報酬3割カットを即座に打ち出していたので、ほとんどの議員は納得していたようだった。

住民投票は法的拘束力はないものだが、参考意見とした町長の、そうした責任の取り方もあるということなのだろう。

副議長の議会引責辞任発言

ことはそれで一応けりがついたと思われたのだが、当時副議長であった齊藤政一議員が12月議会の最終日になって突然引責辞任を言い出したものだから、事態は混とんとしてきた。彼の言い分としては初めに住民投票条例を作ってしまった議会にも責任があり、賛成・反対と二分された議会運営にこそ住民を惑わした責任があるというものだった。

当時の茨城新聞から抜粋してみる。

合併破たんで副議長辞職と題して、「合併できなかったのは町議会と町執行部にある」として、境町議会の齊藤政一副議長が17日定例会最終日の本会議で、議員辞職願を提出、全会一致で受理された。辞職の理由について齊藤副議長は「合併が不成立に終わったことで、住民からは議員に対する不信任の声が強い。住民投票の結果は尊重するが、議会は一度解散するべきだ」と話している。境町は9月12日に行われた合併の住民投票で「合併反対」が過半数を占めたため、岩井市と猿島町の合併協議から離脱した。これを受け、町長をはじめとする町三役が給与の30~20パーセントカットを断行。町議員も報酬を10パーセント削減したわけだ。齊藤副議長は「町はこれまで合併を進めてきたのに議員提案で住民投票条例を作ってしまった。この時点で町議会には責任があると思う。これまでの経過責任を取る意味でも辞職する。」と語った。

彼の論理も一理あることではあったが、大方の議員の見方は、次の選挙への票固めで、一種のパフォーマンスだと思われていた。潔くやめて、好印象を残すためである。しかし問題はそんなに簡単ではなく、その陰には齊藤さんの事業に関する個人的な問題があり、特別委員会にかけられるという事態にまでなっていたのだ。

そしてこの合併破たん劇はこれで終わるかに見えたのだが、この年（2004年）も押し詰まった12月28日にこの辞職した齊藤政一さんと以前議長であった栗原利雄さんが「さかいまち議会を解散させる会」を立ち上げたのだから、ことは更に混とんとしてきた。彼らは選挙管理委員会へ届けを出し、地方自治法に基づく署名の手続きを始めたのだった。先の「合併を問う住民投票」同様、1か月以内に有権者の3分の1（7、253人）以上の署名を集めなければならないのだ。

合併破たんですでに各種団体への補助金削減など行っていた境町であった。当時の茨城新聞によると次のように書かれている。「栗原さんは議員の任期はあと3年ほどあるが、早く解散して定数の14人になれば、3年間で約1億円の経費が削減できる。議員には改革の見本を自ら示してもらいたい」と話している。

議会解散請求

かくして正月をはさんでのあわただしい署名活動となり、怪文書なども出回った。その怪文書というのは、当時の議長の発言らしく、その怪文書の中で「財政が厳しいというだけで我々の身分を奪う暴挙であり、政治テロである」とまで書いてあった。

結果的には一議員の名誉挽回の思惑もあったのであろうこの運動は、合併できなかったのは議会や町長の責任とすり替えた感じがある。しかも、この運動は、政治活動をしてはいけないはずの区長会などを巻き込んで、瞬く間に1万1、399名の署名を集めていた。この署名簿は選管に提出され、住民に閲覧や異議申し立ての場の期間を設け、粛々と履行された。

こんな中での2005年（平成17年）1月21日の臨時議会では、辞任した齊藤政一副議長の代わりに、中村治雄さんが決まり、続く2月4日の臨時議会では、土地開発基金による土地購入に関する調査特別委員会と各種研修旅行等の入札に関する調査特別委員会の2委員会が設置された。一つは橋本正士町長の頃の土地物件の疑惑であり、後者は旅行業者であった齊藤政一さんの旅行入札の疑惑である。どちらもほとんどの議員が参加しての数回の会議で、私も後者の委員会へ参加していた。

続く3月定例会では一般質問者は4名で、私はこの解散請求について質問したが、解散請求署名簿の縦覧期間中でもあったので、町長は一切何も考えを述べなかった。

しかしながら、議事録から読み取ると、稲葉穆議員の追及に野村町長が窮している場面がある。例えば区長会会議規則の中での5条（区長は町の行政施策の普及進行に協力し（中略）住民の福祉増進に寄与する）に抵触しているのではないかという質問に対して、町長は「リコールの投票の時には抵触する恐れがあるが、署名についてはない」という県の見解を示したところ、「とぼけた答えをするな」と稲葉議員が激しく言い、結局区長会で運動をしないように言ったとある。（2005年3月10日）

また、この3月定例会の最終日には合併反対派であった議員たちから動議が出された。2004年9月定例会で、経費削減のため議員定数を14名にした条例を再び20名にしようとする改正案である。リコール運動で解散となれば選挙なので、いち早く当選策を考えたのだ。常識を覆すこの改正案は賛成多数で可決された。これこそは議会人として常軌を逸した暴挙ではないかと私には思われた。

茨城新聞から引用してみよう。

解散しても現行定数境町議会「3割削減条例」を改定「議会は即座に解散し、定数を3割減らすべきだ」として、住民団体から議会解散請求（リコール）を突き付けられている境町議会（定数20）は16日、定数3割減の条例の一部を改正する議案を可決した。同条例は行財政改革の一環で昨年10月に施行したものだが、適用日を「次の一般選挙から」と定めていた。

議会はこれを任期満了（2007年9月15日）に伴う次の一般選挙からに改定。この結果、もしリコールが成立し、出直し町議選が行われるとしても、現在の定数が維持されることとなった。傍聴者からは「住民無視の議会運営だ」と怒りの声が噴出した。

定数3割減の条例一部改正案は、稲葉穆議員ら9議員が定例会最終日に提出した。稲葉議員は提案理由について「議員20人のほうが行政への見逃しもなく住民の声がより多く町政に反映できるとの住民要望がある。」と説明。採決の結果賛成9、反対8の賛成多数で可決された。

境町は昨年9月の住民投票で、岩井市と猿島町との合併協議から離脱したことから、厳しい行財政運営を迫られている。このため住民からは議会の責任を追及する声が持ち上がり、「さかいまち議会を解散させる会」が発足。昨年来からリコール運動を開始した。

同会が集めた署名は、リコールに必要な有権者の3分の1（7、243人）を超し、町選管は10日、1万4、018人の署名を有効と認めた。署名簿の縦覧期間（17日まで）を経て今後、同会がリコールを本請求し、住民投票で過半数の同意が得られれば、定数14での町議選が行われるはずだった。

だが議会がとった異例ともいえる今回の手段により、想定されていた出直し町議選の定数は14から20に戻された形で、詰めかけた傍聴者約40人は怒り心頭。同町の農業男性は「議会は住民の声を真摯に受け止めるべきだ」と話し、獣医師の川嶋敏察さんは「今の議員に境町は任せられない。次の選挙では我々若手グループから10人ほど立候補者を出したい」と語った。

同会の栗原利雄代表は「会の運動に対する議会の対抗手段と思われるが、リコールの本請求はする。定数20でも町議選を行い、中身を変えないと町がだめになってしまう」と話した。

新聞の見出しには【リコール準備団体「住民無視」怒り】とある。

そのほか東京新聞等でも【議席維持に必死？境町議会の定数削減条例再改正で先送り町民「リコール運動への暴挙」】という見出しで、同じように取り上げている。その他大手新聞でも取り上げていて、当時は茨城県では大変な住民運動となっていた。

一方私が参加していた5名の政治グループ「新政会」では同じ3月議会で、自主解散の動議を出したが、反対多数で、議案提案の説明もできないまま、否決されていた。

議会のリコールか？　町長のリコールか？

そんな混乱ともいえる議会の状況の中で、私としては何かおかしいと感じてはいたがそれが何なのか、定かでないのだった。よくわからない感覚の中で、右往左往していたような気がする。

議会後、町中で、元教師の知人から「どういうことなの、どうなっているの」と聞かれたが、私としては明確な答えはなく、少なくともこのリコール運動に関しては、「区長さんたちが騙されているのかもしれませんね」と曖昧に答えるほかなかった。聞いた彼女も困惑していたに違いない。

これら一連の、一議員が辞めて解散請求するとか、朝令暮改のような議員定数改正や自主解散案の否決などは町民にはよく分からないことだったのではなかったか。それらの言動はリーダー的な役割の議会人が行うこととは思えなかったが、後に聞くと、住民を混乱させて、次の町長選で、野村町長を倒そうとする動きがあったようだった。議会のリコールよりも町長のリコールではないかと住民に感じさせるのだという。だから私が町長の責任と言い出したにもかかわらず、町長リコールとならなかったのはもしかしてそのような意図がどこかにあったのかもしれない。そうしたものすべてが「政治」なのだというのだから、誠におかしな世界へ入ったものだ。そういえば、かつて隣町の先輩女性議員が言っていた。彼女は議会を「まるで化け物屋敷ですよ」とその変幻自在の議員たちを揶揄していた。また、女性大臣として小泉内閣で活躍した田中真紀子衆議院議員も「まるで伏魔殿ですよ」といっていたのも思い出される。

3月定例会が終わったころ、「境町条例改廃請求」が「さかいまち議会を解散させる会」から1、278筆の署名をつけて提出された。朝令暮改のようにせっかく議員定数を20名から14名にした条例を改悪して20名と戻したことに対するクレームである。経費削減を目指す解散派としては議員定数は14名へ戻すのは当然のことであったのだ。この議案は4月22日の臨時議会で可決され、議員定数は9月の議決のとおり、14名に戻った。

これら一連の事柄が茨城新聞にまとめられ、載っているので、少々長くなるがここに引用する。

【境町で再び住民投票　町民と議会、対立続く　次の焦点は出直し町議選】

昨年9月の住民投票で合併見送りを決めた境町で、今度は町議会解散の是非を問う住民投票が5月29日行われる。「合併破たんの責任を議会はとるべきだ」として住民団体が署名を集め解散を直接請求したからだ。一方議会は「解散されるいわれは一切ない。筋違いだ。」と反論。町民との対立をあらわにするが、町民の関心はすでに解散後の出直し町議選に移っている。

「解散請求は元議員による理不尽な策謀だ」と4月22日の臨時議会。議会の弁明書を朗読した篠塚勲町議は冒頭、こう力説した。

解散反対派の議員が、口をそろえて指摘する元議員とは、昨年12月に議員辞職した齊藤政一元副議長。齊藤氏は辞職後、住民団体「さかいまち議会を解散させる会」を立ち上げた中心人物。今回の一連の解散運動はすべて齊藤氏が企てた、というのだ。

議会の動きを見守る野村康雄町長も「解散請求は町にとって　プラスにならない。議会が出した弁明書のとおりだと思う」と解散反対派を擁護。「こんなことをしていたら町の信用が落ちてしまう……」と心配する。

しかし、解散させる会が集めた署名数は、有権者の半数近い1万32人。公募で集めた署名収集委任者は約490人にも上る。齊藤氏は「署名の数は町民の声。なぜそれがわからないのか。町や議会は行財政改革に取り組んでいるというが、町民は希望が見える明るい政策を望んでいる。」と話す。

議会勢力が変化

議会への町民の不満は3月16日、議員定数を現行の20から14に減らす条例改正問題をめぐって一気に爆発した。議会が当初決めていた「次の一般選挙から」としていた条例の適用日を、自分たちの任期満了日（２００７年９月15日）に改正。議員数の削減を事実上先送りしたのが背景だ。

これに対し、解散させる会は「条例を元に戻して定数14での出直し町議選をやるべきだ」と主張し、改正条例の改廃請求を直接請求。議会内でも解散させる会の動きと連動する形で、解散賛成派議員５人が議員団「新政会」を結成。反対派議員の切り崩しに掛かった。

それが功を奏し改廃請求を採択した今月22日には、これまで反対派だった議員が寝返ったり、辞職するなどして、形成逆転。再び次回選挙から定数14で実施されることが決まった。議会の勢力図にも変化が見え始めている。（後略）

議会の解散を問う住民投票

そして5月の朝日新聞をはじめ毎日新聞、読売新聞等では「議会の解散是非を問う境町の住民投票告示」という見出しで、５月29日の投票日が報道されていた。また常陽新聞でも「自主解散求める町議ら　臨時議会招集を要請」とあり、私を含む新政会の自主解散案を報じていた。町長は私たちの案に、全員協議会でよく話し合うように言って、結局、自主解散のための臨時議会は開催されなかった。

同町では昨年９月に住民投票で合併せずに単独町政を決めて以来、町議会と住民が対立。議会リコールの動きが起こる一方、議会内も複雑な形でねじれ現象を起こし、自主解散派と反対派の反発感情が拡大、議会内の駆け引きも激しさを増している。

かくして5月29日には議会解散の是非を問う住民投票が行われた。投票率は50パーセントを超えたので、開票され、賛成　9、822票、反対　569票と圧倒的に賛成が多く、解散が成立したのだった。そして同時に私たち議員は失職となり、次の選挙は6月28日から5日間となった。あわただしく選挙活動に入ることになる。

4　開発公社と議員の兼業禁止に関する二つの特別委員会

議員からの発議――100条と110条に基づく調査特別委員会

２００５年２月４日の臨時議会で、数名の議員からの動議で発議され、二つの特別調査委員会が設置されていた。一つは土地開発基金による土地購入に関する地方自治法第１００条に基づく調査特別委員会。これは調査権を持った特別なもので、この委員会で偽証すると刑事責任が問われるというもの。もう一つは自治法１１０条に基づく各種研修旅行等の入札に関する調査特別委員会である。こちらは１００条ほどの権限はないが、議会で案件の調査が必要な時に設置できる特別委員会である。

前者は元町長の橋本正士さん時代の開発公社のことで、土地開発基金による土地購入に関する件で、購入目的、購入価格などが適正に管理されていたかを調査するものだった。それというのも適正な事務処理がされないままであったので、購入された土地が基金として残ってしまっていたからだ。賛同したのは稲葉穆議員、青木孝文議員などで、反対討論者は橋本正裕議員、木村昭一議員、内海和子等であった。この問題は過去の問題でもあり、個人的なことでもあるようだったので、私は反対であったのだが、稲葉議員の個人的なことではない、町の財政の問題だといわれると、確かにそうかもしれないと、今、議事録を読み返してみて改めて思う。自分の未熟さがわかるというものだ。

そしてもう一つの110条委員会は12月に議会の責任を背負った意味で辞任した齊藤政一さんの旅行業者としての入札に関するもので、自治法92条の議員の兼業禁止にも抵触するのではないかという疑義があったのだ。

いずれも賛成多数で、2委員会は設置された。

私はよく聞く100条委員会というものがどういうものか知りたくて、100条委員会へ参加した。新政会で仲間の橋本正裕議員の祖父にあたる橋本正士さんの時代のことであった。経験浅い私には勉強するチャンスでもあったのだ。

そして、110条の方へは参加しなかった。こちらも議員在職中は仲間であった齊藤政一さんであったからだ。私はどこの党にも属さない無所属とはいえ、議会内の仲間はいたほうがいいので、齊藤さんとは時にはグループとなっていたのだ。

この二つの特別委員会の結果報告は、3月の定例会をはさんで10回調査され、4月22日の臨時議会で報告されている。

110条特別委員会

110条特別委員会の稲葉穆委員長は次の2点を指摘した。議事録から要約すると、1点は「合併ができなかったのは議会が混乱していたからで、議会の責任とし、齊藤政一氏等が行った議会解散運動は一見経費削減に見えるが、12月の報酬や期末手当もしっかりもらっているのだから、その運動には誠実さが見られない」として報酬の返還勧告書を提出したこと。もう1点は旅行代理店として町の研修などを請け負ったことは詐欺まがいとして、刑事訴訟法に基づき告発したこと等である。

この報告前の2005年（平成17年）4月15日付の境町議会議長からの齊藤政一氏への文書には「議員報酬返還勧告書」が出されている。

そこには町行政との業務契約書がなかったこと、県知事旅行業者登録が抹消されていたことなどが書かれており、これらは議員の兼業禁止を避けるための方策であったと思われている。当時の斉藤政雄議長からの「境町議会特別委員会よりのお知らせ」として東武ファミリー旅行センターに関する調査報告書となっている。

100条特別委員会

また100条特別委員会では土地開発公社の基金で購入され残っている土地17筆（土地を数える単位で、一筆ごとに地番がある）の土地の購入目的、購入価格等が適正であったかどうかを調査した。関係書類の調査、町長や副町長、民間人等の参考人招致などを行い、9回にわたって調査した結果、購入された土地がそのまま残っていることを指摘し、今後速やかに適正管理するよう、要請した。特に4筆については可能な限り、有効活用するよう、要望して終結としている。これも4月22日の臨時議会で青木孝文特別委員会委員長の報告が行われている。

後に開発公社の土地は町が買い戻し、開発公社は閉じられた。齊藤政一氏は告発され、罰金20万円が課せられた。

これらのやり取りは議会リコールを前に、選挙の前哨戦とも思えるものだった。過去の問題を持ち出すことによって自分が有利に立ち回ろうとしたようにも取れる。どちらが正しいか私にはわからない。ただ議会議事録を読んでいると、稚拙なやり取りがなされているようにも思える。多分卓越した古参議員が少なくなっていたからだろう。


蛇足になるが、私が唯一議員らしい見識を持っていると思ったのは稲葉穆議員ぐらいである。初めて議員になった時、稲葉さんを訪問し、教えを乞うたこともある。議員になる以前には、下宿業をしていた義祖母のところへ選挙のたびに挨拶に来ていた稲葉さんへ、幼児教育のことで、いろいろと意見を言ったりしたこともある。

時々挨拶に見えるお連れ合いはいわゆる良妻賢母という方のようにお見受けした。議員の伴侶としていろいろとご苦労していると祖母から聞いていた。稲葉さんは佐藤陽之助元衆議院議員の秘書をしていて、28歳という若さで議員になったと聞く。そして34才で議長になったという。地元議員とはレベルの差があったのかもしれない。今でいうクリーン選挙で当選してきた方である、と私は思っている。のちに旭日双光章まで受けている。

何分にも政治の世界の過去のことは知らず、知識的には稲葉議員を頼りにしていた私である。けれども、ハコモノ行政の真っただ中であった時代だけに、私とは根本的に考えは違っていた。ただ何が本質かを心得ていて、その正義感は議員としてふさわしいものと感じていた。

私は今、私が境町へ来た頃の溌溂とした熱意ある話し方の稲葉さんを思い出す。今では当たり前だが、当時クリーン選挙でやっていたというだけで、私は好感を持っていたのだ。

後に聞くところによると、このクリーンもだいぶ事実とは違っているようだったが、当時の私には誠実に見えた。義祖母は当選のたびに祝い酒を送っていたようだ。義祖母とともに今では懐かしい思い出となっている。

5　解散選挙後の落選

3度目の選挙

リコールが成立し、あわただしく選挙の準備に入る。私にとっては3度目の選挙であった（実際には最初に落選しているので4度目）、幾分馴れた感もあった。しかも時期が2005年8月から6月になったせいもあって、多少涼しい中での選挙となった。

5月29日に、住民投票で議会解散となった後だけに、この選挙に関しては住民の関心は高かったと思う。急拠といいながら、議員の中にはすでに準備していた人もいた。同士としてグループを組んでいた若い橋本正裕議員である。彼は合併論議の混乱時でも、「選挙の準備をしたほうがいいですよ」と落ち着いて言っていた。元町長が祖父という彼は選挙をやりたがっていたからだ。それというのも祖父の町長が現役で逝去したことを受けて、町長選立候補のため、議員が4名欠員となった時があり、その時町長選と同時に行われた補欠議員選挙で本人は無投票当選となっていたからだ。まだ1度も選挙の洗礼を受けていない身としては、自己の得票数がどのくらいなのか、見極めたい気持ちがあったのだろう。

確かにこのリコール運動の混乱のさなかに落ち着いているその言い方には、選挙をやりたくて仕方ないという血が騒いでいるようだった。祖父が亡くなってまだ日が浅いせいもあり、祖父の世話になった支援者は沢山いるはずなので、当選は間違いなしなのだ。そうした政治家のサラブレッドとして、彼の冷静さにはしたたかなものを感じていた。政治家とはそういうものなのかと漠然と思ったりしていたが、自分を政治家とは思っていない私には、今ある目先の現状把握に終始するほかなかった。今になってみると、彼の常在戦場という政治に対してのとらえ方は、さすがで、後に町長となる器であったのかもしれない。

議員定数改正により、20名であったものが14名となっていたこの選挙で、20名に戻そうとしていた一部議員の思惑が外れたことは本当に良かったのだが、そのために私を含む現役6名が落選となってしまった。ある意味で、合併に反対の住民投票が出た境町では、合併賛成派は分が悪かったのかもしれない。20人立候補して、6名が落選ということになった。そしてそのうちの一人が私であった。

私にとっては4度目となる選挙であったので幾分選挙を甘く見ていたのかもしれないが、それは後になって思ったことで、その時はまさしく真剣に当選を期して作戦を練っていたものだ。

まずはいつものように議会報告紙『きりどおし』を4月下旬から5月にかけて配る。その後急拠選挙用のチラシを作る。ところがそのチラシの写真が個人情報に抵触するということになって、教育委員会の意見を聴いたり、千葉県議の吉川ひろしさんの意見を聴いたりして、結局印刷をやり直すことになった。小学校での英語授業の様子なのだが、生徒の顔が載ってしまったのだ。まだ個人情報の理念がよく行き渡っていない時期ではあったが、私は印刷をやり直した。

事務所には出発祝い等、各所、各人からのいただきものが多数あった。これらの慣習も何かおかしいと感じながらも、むげにお断りするわけにもいかず、ともかく今までになく多くの差し入れがあった。ただしお酒の差し入れはお断りしたし、もちろん事務所で出すことはなかった。3期目に入る選挙であったので、このような待遇は2期の活動を多少評価されていたと感じられた。運動員に対しての差し入れも沢山あった。それこそバナナ、キュウリからお団子等の菓子、コンビニ経営者からはパンの差し入れなど、今までになく盛況だった。やっと議員の選挙らしくなったというところであった。

出発式の来賓は、野口修つくば市議、地方政治改革ネットから矢澤江美子八潮市議、伊藤治越谷市議、加納好子宮代町議（故人）、片山いく子春日部市議、小林たけし栗橋町議（故人）、古河市から元古河市長の小久保忠男さん、園部増治古河市議等が駆けつけてくれた。

また地元本船町内だけに限らず、隣の下仲町、坂花町、長井戸等の地域からも多く女性たちが集まってくれた。

中でも志鳥の金久保久さんが駆けつけてくれたことはありがたかった。彼は社会党のメンバーで、署名などの活動を通して親しくなっていた方である。彼の平和を願う真撃な姿勢は私にも伝わっていた。

特にアメリカのオバマ大統領がプラハで行った演説に感動したという。それは2009年4月5日にチェコのプラハ城広場で行った演説で、核兵器のない世界の平和と安全を追及する決意の演説であった。その年の10月にはノーベル平和賞を受賞している。私も当時感動した一人だった。その後、プラハ城へ観光で行った時、ここで演説したのだなと、映像を思い出しては美しいプラハの町を眺めたものだ。金久保さんは故人になってしまったが、わざわざ来てくれたあの時、握手した彼の分厚い、ガサついた、農業をしている手の感触が今も忘れられない。

3回目のキックオフ

セレモニーはまずなかまの会事務長のKさんが挨拶して2、3人の来賓の挨拶と立候補者の挨拶、ダルマの目入れ、頑張ろうコールと簡素なものであった。ご近所の住民を交えた支援者の数は前回選挙のキックオフ時よりは多かった。

かくして5日間の選挙戦が始まった。最初の選挙で落選している私としてはその轍を踏まず、地道に町内を回り、時には辻立ちして合併しない町となった境町のお役に立ちたいと訴えた。

1日だけ雨が降り、イメージカラーのオレンジの長靴と、合羽が役に立った。大した雨ではなかったが、梅雨時でもあったので、作業のわずらわしさにも誰も文句は言わなかった。

その時の演説を今も覚えている。選挙カーに乗って手を振るなど協力してくれた若いママさんが幼児を連れていたので、「このR子ちゃんが20歳になった時、この町に生まれてよかったと思える町にしていくために働くのです」という意味のことを訴えた。その子供さんも今は高校生になっている。

県議の半村登さんも駆けつけてくれて、応援演説をしてくれた。

選挙カーで町中を走りながら、某党推薦の新人候補者に度々出会った。新人の割には落ち着いていて、のんびりと公園で休んでいる姿を見た。余裕があるのだ。多分地域で票固めはできているのだろう。地盤・看板・カバンのない私には羨ましい光景であった。

そうしたミスプリントや余裕のなさが裏目に出たかどうかは定かでないが、結果は次点で落選ということになってしまった。正直思いもよらなかったので、その一報がもたらされると、今まで楽しく語らっていたご近所の方々も黙ってしまった。お祝いに準備されたお赤飯もひっそりと持っていく様子である。事務所はいつの間にかスタッフだけになっていた。いつか当選したときとは全く違った景色がそこにあった。

これまでよりはずっと準備万端で取り組み、やる気もみなぎっていたにも拘わらず、落選となろうとはだれが予測しただろうか。当の私でさえ、あまりの意外さに落胆は甚だしかった。まあこれがおごりというものなのかもしれなかった。ともかく嘘偽りなく、真摯に全議会で質問するという活動をしていた私としては、それが空回りであったことを知らされたのだ。

落選

やはり女性は駄目なのか、よそ者は駄目なのか、合併に賛成していたのが良くなかったのか、議会報告の『きりどおし』は読まれていなかったのか、あの選挙での応援は何だったのか、様々な思いが錯綜し、それは住民への不信感につながっていた。

6名が落選で、新人は4名が当選、現役議員は4名落選、うち女性2人で一人は私である。落選の議員の中には無投票当選の4議員のうち2名が落選ということになった。いずれにしても住民の審判はある意味では正しかったのだろう。無投票当選の4名のうち2名が落選していたからだ。そして私と同様に現役で、私より先輩のAさんも落選した。

敗因を考える

この私の落選の敗因としては古参議員たちの合併論争で、議会が割れていたこと。時間がなかったので、前回のようには回り切れなかったこと。また合併に反対という意思表示した境町では賛成派議員は分が悪かったということなどであったろうか。生え抜きでもない女の私の意見などどうでもよかったのか？　どうしても地縁血縁のコネの選挙であり、物くれの類が抜けきらない選挙であったことは確かだ。

私のパンフレットの不手際もあったかもしれない。およそ選挙ポスター的ではなく、「あなたは今幸せですか？」などと、宗教団体の宣伝チラシのようであったからだ。私としては緻密な計画を述べても理解してもらえないと考えていて、分かりやすく簡単な用語にしたつもりであったのだが、肖像権に配慮しなかった写真も悪かった。すぐに差し替えたものの、塗りつぶされた写真はかえって不評となった気がする。その写真は当時はまだ先進的な小学校の英語授業を映したものだったが、私と向き合う生徒の顔が載ってしまったのだ。

住民を巻き込んでの歴史的な解散選挙はこうして、私にとっては苦い経験となったのだった。しかしこれが住民本位で行った真の民主主義であったのかもしれない。

選挙をやりたがっていた橋本正裕さんはこの選挙で見事トップ当選を果たした。得票は1,922票で、自信のほどが証明された。以後彼は選挙のたびにトップ当選となる。まさにサラブレッドであった。

ちなみに私の得票は428票で、これは初当選の591票には到底及ばなかった。2期目(2期目は無投票だったので、実際には3期目ということだが)は危ないというジンクスは本当らしい。

この落選は予期しなかったことであり、傷心の日々となった。このまま終わってしまうのもよかったが、当初の意気込みからしたら、それは違うのではないか。私なりにやるべきことは山積しているのだ。このぐらいのことで、引っ込んではいられないという思いもふつふつと湧き上がっていた。

6　女性議員ゼロとなった議会

リコール選挙後の新議会

２００５年（平成17年）５月29日投票の「境町議会の解散の是非を問う住民投票」は圧倒的多数で賛成となり、私たち議会議員はあっけなくクビということになった。

私はこうした政治の動きというものをよく把握していなかったのかもしれない。つまり常在戦場という考えがよくわかっていなかったのだ。落選は自己責任であり、準備不足や戦略軽視、状況の読みの甘さなどがあったとは思うが、定数削減を是としたことがかえって首を絞めたということは否めない。

そのリコール選挙後の新議会の様子は当時の新聞によくまとまっているので、ここに掲載する。

境町出直し町議選

「新人４人、若手が台頭　感情の対立解消がカギ」

住民投票で解散した境町議会の出直し町議選（定数14）は３日、新しい議員が決まった。新議員の内訳は前職９人、元職一人、新顔４人。若手経営者らで設立した

「新みらい研究会」のメンバー3人（うち一人前職）が上位当選するなど、若手の台頭が見られた。

同会の河島敏察会長（47歳）「遊説中は若者に頑張ってほしいという声が多く、風を感じた。」と強調した。当選した20代一人と40代４人を合わせた得票率は約43パーセントを占め、有権者の期待をうかがわせる。

一方前職には逆風の選挙戦だったようだ。昨年9月の合併を巡る住民投票で賛成派と反対派に分かれて以来、議会は混乱を続けてきた。行財政改革の一環で、定数削減などを打ち出したが、住民団体が議会解散の直接請求に向けた署名活動が本格化すると、３月には定数削減の適用日延期を決めるなど町民の不信感を深めた。

当選した前職は「合併問題から議員間の確執を引きずってしまった。批判を受け、厳しい選挙戦だった。」と振り返る。

議会解散の直接請求をした「架け橋の会（旧さかいまち議会を解散させる会）」の栗原利雄会長（69歳）は「前職も含めて会に賛同してくれた8人が当選し、ほぼ満足している」と話した。

町は将来の合併を視野に入れながらも当面は単独の行政運営となる。議会が感情的な対立を解消できるかが、町づくりのカギを握ることにもなる。『朝日新聞』（２００５年7月5日付）

そして落選した私は議員になる前と同様、再度、議会傍聴を始めた。

再開した議会傍聴

２００５年７月議会は、新人２名を含む５名の議員が一般質問した。議長は５期目の中村治雄議員で、副議長は２期目で公明党の田山文雄議員であった。

トップバッターの倉持功議員は青年会議所出身なので、合併賛成派であったが、それに絡めての合併についてと議会解散請求についての２項目を質問していた。新人なので議員になった動機など、所信表明のようなものがあるのかと期待していたが、前置きは何もなく、いきなりの質問であった。本来なら、質問への理念を述べ、あるいは何かを提案して質問するのが常道であると考えていた私にとっては、何ともあっけない質問に思えた。これでは学校で先生に質問する生徒のようなもので、５分もかからない質問内容であった。傍聴者にとってはわかりやすく簡素でよいかもしれなかったが、私には物足りなさが残った。

２人目の新人は年配の中久喜久雄議員であった。白髪が上品で、貫禄を感じさせていた。彼はいくらか思いを入れて質問していたが、倉持議員の二番煎じという感じで、これも印象に残るような質問ではなかった。やはり合併についてと町税の滞納対策についてであった。

３番目は５期目に入ったベテランの齊藤政一議員であった。リコール運動を元議長の栗原利雄さんと共同で主導して見事議会を解散させた議員である。彼は合併できなかったのは議会が混乱していたからだとして、引責責任を取り、半年間住民運動に携わっていたのだ。議会解散請求について、行財政改革について、県道境間々田線バイパス工事についての3項目を質していた。

4番目は4期目のベテランの秋元守議員で、福祉推進についての1項目のみであったが、高齢社会の医療費の削減案や生きがいづくりのことなど、まさに現在進行中の問題を質していたところはよかったのではないかと聞いていた。

最後に田山文雄議員は境町の今後の展望についてと境二中の体育館についての2項目。という具合で、わずかに田山議員が選挙後最初の議会らしい前向きの質問をしていた。

現在のように定数が少なくなったからといって、質問者が2～3名という議会よりは14名中、5名も質問者がいたのだからさすが最初の議会ではある。気持ちは入っていたのだろう。しかしながら、その質問内容からはこの議会で今後単独行政をどう担っていくのか、の方向は見えなかった気がする。何より、何のために議員になったのか、すべての議員にその理念は見えなかった。

それでも合併に賛成した議員、あるいは賛成と思われた新人が合計で8名もいたので、14人中8名で過半数ということになる。年齢的にも少し若返った議会であったので、期待できるかもしれない。

ちなみにこの議会前の議会状況を述べると、定数20名であったので、9名の議員が質問していた。議長は最古参の斉藤政雄議員で、8期目でようやく議長になった議員である。いずれにしてもこの新人5名を加えた議会はその4年間に、めまぐるしく議長が変わった。まずは中村議長が町長選に出馬するので1年もたたないうちに辞任。替わって同じく5期目の齊藤政一議員が議長となった。この齊藤さんは先の議会解散運動を主導した議員である。そして副議長は中村議長の時と同じ田山文雄議員が留任した。この布陣も中村議長の残任期間であったので、1年3か月で副議長であった田山文雄議員が議長ということになった。この時副議長となったのが橋本正裕議員である。のちの町長ということになるのだが、この時はまだ2期目であった。最初は補欠の無投票で当選していたので、合併破たんの今回の選挙で初めて住民の審判を受けたのだった。しかもダントツのトップ当選。やはり、祖父が橋本正士元町長であったので、サラブレッドであったのだ。

こうした状況は住民には目新しく若々しい議会に映ったかもしれない。いかにも議員という感じで威張りそうな議員はいなかったので、確かに新鮮ではあった。けれども傍聴している私にはたどたどしい議長の挨拶などに、心もとなさを感じていたことも確かだ。

こうして私のいない議会は始まった。この間、ほとんどの議会を傍聴していた私である。傍聴席でも同じ議場にいるので、地方議会の感情的な発言や、和やかな雰囲気は感じられた。

この議会の最後に（議会閉会後）時の野村康雄町長は、息子の結婚式に議員が参加してくれたことに、礼を述べていた。新人議員もなったばかりの身で参列したらしい。実は私も結婚式に招待されてはいたが、結婚は個人的なことなので、遠慮した。まあ落選したということもあるが。大体こうした私的なことで票集めをするのが政治家としては常道らしい。政治家と思っていない私には無縁の事であった。

境町女子ソフトボール開催時に来町した中畑清さんと。2000 年 5 月

男女共同参画の講演会で講師の田嶋陽子さんと。2003 年 11 月 25 日

広島県高宮町視察時、広島市内で。2003 年

利根川河川敷での「菜の花祭り」で、更生保護女性会の皆さんと。2003 年 5 月

3章　議員とは何なのかを考える

1　3期目の選挙は広報車を使わずハンドマイクで練り歩く

やはり女性議員がいないのはおかしい

２００５年（平成17年）７月からの境町議会は、議員定数削減で14名となっていた。（今までは20名）14名中４名が新人議員で、40代の若手が入っていた。議会リコールの住民運動も功を奏したようだった。

こうした新人と今回初の選挙となった2期目の議員が大半となったので、確かに若返った。ただその反面、まったくの新人が常任委員会の委員長などになっているのを見ると、心もとない感もあった。傍聴していてハラハラするときもあった。

それでも4年もたつと各議員も何とか様になっていて、やはり慣れというものは何事においても意味があるのかもしれなかった。肩書が人格を作るというのもあながち間違いではないようだ。

物足りない議会ではあったが、以前のような土建関係の業者もいなかったので、さわやかな印象は受けた。議員が20名であった時は、８名もの議員が無投票（補欠選挙などで）当選者ということもあった。その議員たちも今度は選挙の洗礼を受けたのだから、立派に2期目となっていた。そういう意味ではこの選挙では確かな14名が選ばれたということになる。

そして4年は長いと思っていたが毎回傍聴をしていく中で、あっという間に過ぎてしまい、またも選挙の時期になっていた。

前回は合併論争に巻き込まれて、訳が分からない間に、落選してしまったという思いから抜けだせない私であった。あれから4年、67歳になっていた。さすがに、10年前のようなエネルギーは残っていなかったのだが、4年前の落選という烙印は住民の本当の声なのだろうか、という思いはいつも心の底にあった。それが本当なのか、騙されていたのか、真実が知りたかった。幸い、落選当初から「女性議員がいないのはおかしいよ」とか「また応援するからやってよ」という声援が結構あった。むしろ落選してからの方が真の支援者に出会えた気がする。そのことが再々度立候補する要因であり、女性としてやらなければならないという矜持でもあった。

私には、私なりの真の男女平等社会構築という課題がある。何しろこの町は女性議員ゼロの町に戻ってしまったのだ。保守的な地方議会には女性ならではの視点が大事なのだ。いまだに男性優位の地域社会を打破しなければならない。それには女性たちの思いを具現化することなのだ。そのことが無名の女性たちの何らかの力になるに違いないのだ。これこそがまさに国が旗振りしている男女共同参画ではないか。

そんな思いを抱えながら、私は2009年またも選挙に挑戦したの

3期目の選挙で応援してくれた
地元のなかまの皆さんと
2009年6月

だった。再度立候補することで、住民の私への本当の評価が分かるというもの。そこで認められないなら今度は潔く撤退し、一市民として生きていこうではないか。それはある意味で悲壮な決意でもあった。

思えば、初めての挑戦から14年もの歳月が流れていた。1995年（平成7）8月の選挙でのあの暑さが思いだされた。あの時はまだ53歳。政治を志すにはちょうど良い年代でもあった。結局実際に議会へ上がったのは57歳1999年（平成11）であったから、3期目を狙う身としては、67歳ということになる。普通なら定年退職をとうに過ぎているのだから退職ものなのだが、政治家には年齢はない。それに2期ぐらいでは議員としての仕事を全うしたことにはならない。幾分なりとも議員活動をしたという達成感は得たい。私のライフワークである男女平等社会の実現も未完成のままである。多くの女性たちが口にしたように、「やるっきゃない！」のであった。

はじめての選挙広報紙

2009（平成21）年6月16日告示、21日投開票というスケジュールで境町議会議員一般選挙は行われた。

境町ではこの時から選挙広報紙が発行された。それ以前は広報紙もないので、訪ねてくる候補者のチラシのみで選んでいたというわけだ。もっとも地縁血縁の選挙なので、それで特段疑問はなかったらしい。けれども立候補する身としては、この広報紙を発行しないことは、なんとも不公平であった。投票する住民にとっては勿論だが、立候補しようとする市民にとっても不公平としか思えなかった。近隣市町ではすでに導入されていた広報紙である。これでは一部の財力豊かな人が有利になる。若者たちも自己の主張が伝えられない。もちろん女性たちもである。

私は1期目の質問の中で、広報紙の発行を求めたが、選挙期間の5日間では全町内に行き渡らないという理由で却下されていた。そして再度の質問でようやく発行ということになったのだ。これは私の質問の一つの成果でもある。

立候補者18名がそれぞれの政治信条を自筆の原稿で載せることができるこの広報紙は、地縁血縁が乏しい私にはとてもありがたいものであった。パソコンでしたためたマニフェストには6項目の約束事が書かれた。

1　町行財政のチェック
2　住民参加の町づくり
3　男女ともに元気がでる町づくり
4　子供たちへ夢を持たせる教育づくり
5　充実した福祉施策の提案
6　毎議会のお知らせと報告

そして今までの経歴・趣味などを入れた。

3期目の選挙で返り咲く
2009年6月

この広報紙は各人の自前の政策なので、思いが様々で、広報紙を読むだけでもその人となりが推量できるというものでもある。単純な主張のみや、太字でしっかりしたもの、手書き、イラスト入りのものなど、それぞれ特徴あるもので、政策らしからぬものもあり、これのみで選ぶとしたら、やはりしっかりと政策を述べたものがベストと思われた。

この選挙は先の成績を考えると当選かどうかも皆目わからないものであったので、すべてにおいて質素に行った。

まず、ポスターは前回のものを使用。髪を染めない白髪交じりのもので、自然な笑顔が柔らかな雰囲気を出していた。むろん自前のカメラで撮ったものである。白いスーツはインターネットでなかまの会のFさんが安く買ってくれたもので、これも自分でパンツの丈を直したりした。広報車は用意せず、ハンドマイクで練り歩く作戦とした。

また、チラシは最初の時と同じ『傍聴席』で、特別版として「女性の声をもっと議会へ」と題して合併破たんとなった境町議会の働きが見えない、議会の基本的な役割は行財政のチェックであると述べ、女性として、年配者としての内海の役割を訴え、議会への復帰を願った。

5日間の選挙活動

出発式は自宅の駐車場で、わずか10名ほどのご近所の方々の参集で、来賓もなく、為書きもなく立候補の挨拶をして、広報車もなく、徒歩でのお願いとした。

すでに各町内へは事前になかまの会のメンバーや遠くは夫に手伝ってもらって回っていたので、ハンドマイクでご近所のTさんとYさんに手伝ってもらった。なにせ小さい町なので、みんな知り合いのような感じで、和気あいあいとしていた。2人とも近くのスーパーでパートをしていたので、顔見知りが多く、結構楽しみながら会話していた。これなどは田舎の選挙の良さだろうか。女性のおしゃべりは時として目的を離れて飛んでいってしまうのだが、それもまた面白いのだった。

前回は事務局長をとくに決めず、すべて私が行い、大変だった思いがあったので、今回は親戚のYさんにお願いして、ともかく事務所にいてもらうようにしていた。5日間のほとんどは街頭演説の「辻立ち」で、町政への思いを辻々で訴えた。正直何を話したかは覚えていないが、女性の視点が大事であること、女性議員がいないのはおかしい、などといっていたに違いない。

最終日近くになって、支援者の方から広報車を出さないと内海が立っているかどうかもわからないという声があったので、急拠大きな拡声器を友人の小山市議の安藤良子さんから借りてきて、なかまの会の緑川さんがその拡声器を乗用車の窓から出して、内海の名前を連呼した。やはり広報だけの選挙ではだめなようだった。支援者の一人からは電話が入り、「田舎選挙が変わればいいのだけど」と言ってくれた。

3期目の議会で
2009年

最終日の夕方、なかまの会のメンバーやご近所の方々で町内の商店街を練り歩き、最後の訴えをした。商店の方々は候補者が来るたびにともかく出てきては握手をする。そのことが効果的であるかどうかはわからないのだが、この練り歩きも私たちが初めて行い、今では定番になっているようだったので、私たちもともかく出てきた方々と握手をするのだった。私はこの握手で、本当の支援者かどうかが分かる気がした。

3度目の当選

戦い終わった翌日は雨であったので、投票率が気になるところだった。夕方になって開票が始まると、やはり落ち着かない。それでも簡素な事務所では町内の女性たちがお赤飯を持ち寄りで炊いてくれて、それをパックに詰めていた。このお赤飯を喜んで持っていけるかどうか、前回の苦い経験があるので、10時を過ぎたころからは皆寡黙になっていった。立会人として開票を見に行っている夫からは危なそうなメールが来ていたので、なおさらだった。その票が550票入ったとの知らせで、もしかしてと思っていると、玄関の方から、いきなり歓声が上がった。野村町長がいち早く当選だと駆けつけてきたのだ。まさか町長が来てくれるとは思わなかったので驚いた。

それからは熱狂的な歓声と握手、ハグとなり、喜びの渦に包まれたのだった。4年間のつらい思いもあっただけにこの当選は本当に嬉しいものだった。後にも先にもこんなに嬉しいことは人生においてなかったように思う。それほど喜びと安堵に包まれた。

それからは夜中の2時頃まで電話が鳴りやまずといっていいくらい。支援してくれた近隣の女性議員たちや、支援者等、みんな本当に喜んでくれた。この喜びは一人だけではないのだという思いはやがて責任感となっていくのだった。

心配された投票率も一番身近なだけに結構投票率は高く、69・42パーセント　女性票は71・27パーセント　男性は67・57パーセントであった。

なおこの選挙だけでなく、何回かの選挙では近隣の女性議員たちにアナウンス担当としてご協力いただいた。

筑西市議藤川ねねさん（のちに副議長となり現在は退任）、常総市議の中村博美さん（副議長を経験、現在も活躍）、取手市議の朝比奈通子さん等、女性たちの身を入れた言葉の数々は住民の胸に届いたに違いない。本当にありがたいことだった。この場を借りて、心よりお礼申し上げる。

総務委員会で
2009年

2　副議長席から見えたもの

若返った議会

私にとって３期目の議会はかなり若返った議会になっていた。14名中３名が新人、２期目が２人、そして私を含む３期目が５名、４期目以上が４名という具合で、年齢的にも一番若い方が30歳、最年長は70歳であった。20名であった時よりはずっと若返っていた。落選中も議会を傍聴していた私にとっては、ほとんどの議員はかつて２期勤めたときの同僚でもあったので、さほどの苦労はなかった。新人は３名で、彼らもまた私よりは若い方々で、気持ち的には楽であった。

このころの大方の地方議会は会派制をとっていて、質問なども仲間との共通の質問ということになっているようだった。そこで私なりに仲間を作ろうと新人議員の３名に声をかけ、グループ作りの情報交換を試みたが、三人三様の考えで、なかなか纏まらなかった。それでも私が私なりの主張ができたのは、女性議員が一人という境町で初めてのことだったので、議員も職員も気を遣っていてくれたのかもしれない。先輩面して威張る議員もいなかったことも幸いしていた。

１期目と２期目では質疑が停滞したり、馬鹿にするような言い方をされたこともあったが、3期目ともなると、意見を言える場も結構あって、ようやく個人的な主張ができる時期になっていた。ある意味で、境町は「情けのさかい」といわれていたように、寛容の町なのかもしれなかった。3期目ともなるとその地位がやっと認められたということでもあったのかもしれない。

国政の政権交代の中で

そのころ国政では、政権交代がなされ、自民党から民主党へとシフトして、やっと日本でも2大政党時代へ突入かと思われた時期である。民主党の蓮舫議員に象徴されるように、事業仕分けがマスコミで取り上げられていた。必要な事業かどうか傍聴者も入れた会場で議論するのである。蓮舫議員の「2位じゃダメですか」は結構話題になったものだ。彼女の聡明な論法には感嘆し、私もそうありたいと願うモデルの女性でもあった。

この会期の前半で、総務委員長となっていた私は早速、事業仕分けを取り入れた。仕分けの仕事人として当時マスコミでも有名になっていた「構想日本」へ委員会で研修に行き、前向きな事業判別の方法に納得したものだが、みんなでいざ事業仕分けをと職員にヒヤリングなどしたが、その報告はなかなか上がらず、結局は中途半端な中間報告となってしまった。それでも町自体が先の住民投

選挙応援にかけつけた
鳩山由紀夫さんと
衆議員柳田和己選挙事務所にて
2009年8月

票で合併をしない町の選択をしたものだから、町行政も行政改革を行っていた矢先だったので、経費削減案を議会でまとめて提出した。その案も含めて、町では報酬カットに次いで、各種団体などへの補助金を一律10パーセント削減ということにしたので、それなりに事業仕分けも効果はあったものと思っている。

この3期目の会期では、最初の2年間は木村信一議長（4期目）、倉持功副議長（2期目）、関稔監査委員（3期目）の布陣で議会運営がされた。

木村議員は議長になるに当たって、今までの年功序列の決め方でなく、議長としてふさわしい方を選ぼうということで、議長に立候補し、抱負をのべた。確かにそれまでは年の順とか、力のある方とかで、何となく決まっていた感があったので、彼のやり方には賛成であった。

木村議員は「伏木北部環境を守る会」を立ち上げた方で、東京電力変電所内の廃トランス問題では私も同調して、廃トランスの撤去に協力しあった仲間でもあった。彼が補欠選挙で立候補した時、地域は違っていたが応援に行ったものだ。一本気で筋が通っている方で、本来なら私も同じ4期目となっていたはずなので、私も議長候補になれた時期でもあったが、何分にも落選してしまったので、木村さんが先に4期目となってしまった。4期目というのは議長就任にはちょうど良い時期でもあった。その時の副議長は現在の（２０２０年）議長である倉持功議員であった。

後半は橋本正裕議長（3期目）、新谷一男副議長（3期目）、関稔監査委員（3期目）、という具合であったが、後半の途中で新谷副議長が東日本大震災のボランティア活動の過労で倒れてしまったので、半年以上の病欠となってしまった。そこで急拠副議長を変える算段となり、木村前議長や橋本議長らの推薦で私が副議長ということになった。多分同じ会期生であったので私しかいなかったものと思う。私にできるかという思いとは裏腹に、同じ会期でありながら、自分に議長の役が回ってこなかったのはなぜか、という疑問も残った。2期目の倉持議員が副議長となったり、3期目でまだ30代の橋本議員が議長になったのも、今までの年功序列なら考えられないことであった。つまり当然同じ3期目の私に話があってもよかったのではないか。けれども一言もなかったのだからここにも何かしら疑問が残る。私が受けることはなかったかもしれないが、話ぐらいあってもよい立場であったことは確かだ。

橋本議長は前半の議会で議長をしたかったようだが、まだ40歳前であり、某建設会社社長に「お前はまだ早いよ」といわれて待ったをかけられたと聞く。元町長の孫ということで優遇されていたとはいえ、その建設会社社長としては息子のような橋本さんには本当にまだ早いと考えたのかもしれない。いずれにしろ、サラブレッドであった橋本さんであったので、木村議長の後釜になることは誰もが納得した。若い議長に正直戸惑いもあったが、副議長の不在も考慮しなくてはならなかったので、同じ会期の私が副議長に抜擢されたということだ。

寒川町議柳下雅子さんと
2010年8月

副議長の仕事

副議長の主な仕事はもちろん議長の代理である。議長のスケジュールが忙しい時、あるいは行事が重なっているとき、私が駆り出されるのだ。大体始まる直前のことが多かったので、その対応には結構神経を使った。各種会議や各種大会などで議長代理としての挨拶。町の各種会議の代理出席、入学式・卒業式の代理挨拶、各種懇親会への出席等々。それぞれが昔から続いている会合が多く、近隣市町とのかかわりも多かった。確かに一議員では見られない一回り輪を広げたような情景がそこにはあった。幸い議員としては結構古い存在だったので、他市町へ行っても知っている方はいて、さほどの不都合はなかった。けれども何分にも壇上へ上がるとなると女性はほとんどいない現状なので、目立ったのではないかと思う。

この職は前副議長の残任期間であったから、ほんの1年3か月の間ではあったが、結構な数の挨拶があった。入学式、卒業式、青少年健全育成協議会、審議会等。一番大きな会議は同和・人権問題の県西地区大会。近隣の議長さんの中に混じって、体育館の大きなホールで挨拶ということで、そこへ出向いてから挨拶があると聞いて、大変緊張したのを覚えている。これには困ったが、何とか紙も読まず挨拶することができた。

大体私は紙を読むのはおかしいと思っているので、すべて紙は読まないことにしていた。特に二中での卒業式の挨拶は自分の文章で挨拶した。後で、知り合いの先生からはとても良かった、さすがといわれたりしたので、まあまあの出来であったとは思うが。

今考えるとこの丸暗記の挨拶は必要なく、厳かな入学式や卒業式などでは、むしろ紙で読んだ方が、厳粛で心が籠められる場合もあると感じた。大体言いたいことは決まり切っているのだ。

この副議長の期間の春、私はひどい帯状疱疹に見舞われ、一週間ほど床に伏してしまったことがある。なれないことをしたので、ストレスが多かったのだろう。以後挨拶は紙でよいものは紙で議会事務局に委ねることにしてしまった。慣習も時には良い方法なのかもしれない。

一度だけ議長の代理で副議長の時、議長を務めたことがある。（これも慣例らしかったが）大方の発言は事務局が用意してくれるままに言うだけであったが、職員の役職名はよく変わるので、指名するときには困ったこともあった。また職員は役職で指名するのだが、町長や議員を指名するときは君付けで行うので、どうもおかしな感じであった。むろん私も君付けで呼ばれるので、このことはせめて女性なのでさん付けにしてほしいといったこともあるが、議会内の慣例ということで、議題としては取り上げられなかった。かつて国会では土井たか子議長の時女性にはさん付けにしていたことがあったが、結局いまだに君付けになっているのを見ると何かおかしい。しかしこの「くん」呼ばわりは男性のものというよりは高貴な方への敬称と考えれば、それもありなのかと思うが、何とも古めかしいもので、現実社会でのあり方は違うのだから、何とかするべきではないかといまだに思う。まあ、現実には言えないことでもあるので、「君」呼ばわりで町長の名前を言うことは結構快感ではあったが。

東海第二原発の再稼働に反対

東海第二原発の再稼働反対運動が起こったのもこのころである。ちょうど東日本大震災での原発事故後だったので、茨城県の各市町村では反対の請願にほとんどの市町村は賛同していた。境町でも東海村へ視察に行ったり、東海村村議の方々が説明に来たりしていた。その来町の折、議長が不在であったので、副議長である私が応対した。私は正直に原発事故の恐さを思うと到底容認はできない旨、吐露してしまった。それというのも東海村村議の相沢一正氏とは以前から交流があって、反対運動に協力していたからである。このことは自民党系の議員が多い境町では本来なら反対には同調しないところであったが、まだ民主党の政権であったので、なぜかすんなり通ってしまった。

このことはとても良かったと今でも思っている。現在東海第二原発は原子力規制委員会のお墨付きを得て、稼働が可能となっているが、東海村を取り巻く市町村の承認は得られていないので、今後注視していかなくてはならない問題でもある。

橋本議長は副議長となった私を任期途中ではあったが、八千代町や坂東市、県議会等に紹介してくれた。橋本議長は気が利くまめな方と思われた。私の至らない点もカバーしてくれたに違いない。今では境町町長として、斬新なアイディアと行動力で、茨城県はもとより、ハワイのホノルル市と国際交流都市としての連携を始めているのだから、何とも宇宙人的（？）発想である。やっと境町が再びの繁栄の時を迎えようとしているかのようである。彼が早く議長職に就きたかった意味も分かるような気がした。

3　最後の議会は最年長議員として

4期目、無投票で当選

4期目の選挙（2014年）はまたもや無投票であった。落選をいれて6回の選挙のうち、2回落選、2回無投票、確かに票が読めたのは2回という具合で、何とも地方政治の盛り上がらない状況が見える。巷では新しい議員がなかなか出ないとか、女性議員がいないとだめだなどといいながら、実際には現役議員が優位で、いつもと同じような議員を選んでいるわけだ。長年、広報紙もなく議員を選ばなくてはならなかった地方選挙の成り行きというものだ。

ちなみに私の最初の選挙は268票で落選（1995年）、2回目は591票で初当選（1999年）、3回目は無投票で2期目の当選（2003年）、4回目は428票で落選（2005年）、（この時は喧々諤々の合併論争が行われた後である）5回目は2009年、564票で3期目の当選、そして6回目は無投票で、4期目（2013年）の当選となったということになる。

この4期目の議会では私より年配の議員がいなくなったので、私が最年長ということになった。慣例によって一番年上の者が、議会開会時に仮議長を務めることになっていたので、私がまず議長席に座り、采配するのである。

議長は選挙で選ばれるのだが、議場での選挙前に、立候補する議員は各議員宅を回り、票を集めているので、ほぼ決まっていた。投票はそれを確認するだけのもののようだった。14名の議員の選挙ではあるが議場を閉鎖し、立会人を決め、開票も議場内で即座に行われる。

4年の任期中、2年ごとに議長を改選するので私は2回議長席に座り、仮議長を務めたことになる。

議長席は一段高い位置に席があるので、議場内がとてもよく見え、議員の顔は勿論、傍聴者の顔もはっきり見える。確かになかなか快適な場所ではある。この席が大方の議員の目標となっていることも確かで、かつては様々な争いごともあったそうだ。近隣市町では贈収賄も発生して、境町でも同じような饗応があったとも聞く。相当以前の話ではあるが、古参議員の思い出話の中にしばしば出てくる。なんでも筑波山の宿にこもって、相談したらしい。真偽のほどはわからないが、当時の議員はエネルギーがあったことは確かなようだ。現在はどこの地域も粛々と民主的になされているはずと思っていたら、最近、近隣の古河市でも新聞沙汰になっていたから、まだまだ権力の座の魅力はあるようだ。

農業委員になる

そしてこの4期目では様々な役職を引き受けた。まずは議会推薦枠での農業委員である。農業委員会にはまだ女性委員はいなかった。それでも男女共同参画の政策で、国からの女性登用が叫ばれた時期でもあり、また、いち早く民間の女性農業者が農協から上がってきていたので、割合すんなりと、私の農業委員は決まった。農協の小谷野文子さんはちょうど私が参加している更生保護女性会のメンバーでもあり、女性進出はいきなり2名ということになった。

ちょっと前までは古参議員の役どころとなっていた役職でもあったので、私たちのような女性が入れるなどとはと、時代が進んだ感はあった。しかし、この良い傾向も、3年の任期が終わる頃には、国での農業政策が変わり農業委員会も変革したので、今ではまたも、女性不在の農業委員会となっている。

農業委員会の役割は、優良農地が有効活用されているかの調査承認機関で、法的に違法でないかどうか調査するものである、多くは宅地化や公共施設建設の認可など、農地転用案件が多かった。町が住民のために施設を作るときや、相続者が世帯をわけるときの住まいなどは認められているので、その審議などだ。本来は農地として使用しなければならないものなので、適正かどうか調査するというわけだ。

また、この農業委員会は議会並みに議事録のあるもので、農業委員会会長ともなると町の代表としてかなり権威のある地位らしかっ

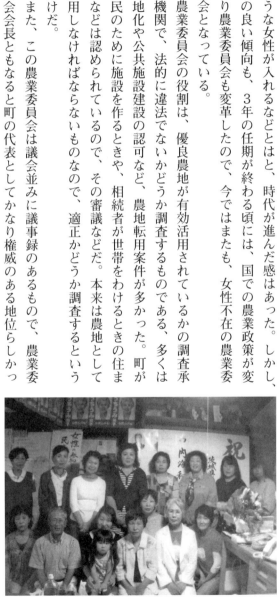

4期に当選した時のなかまの会とご近所の皆さん
2013年6月

た。任期は3年であったが、会長は再任を妨げないので、かつての境町町長であった佐怒賀清志氏は14期42年もの長い間、会長職を務めていた。

現在では任期ごとに選挙で投票して決めているはずである。この委員会の権限を表すものとして驚いたことには、会長選挙の時、時の町長から会長指名の電話があった。幾分若い方が立候補したときで、ここには権力の縛りもあるようだった。

私は常々、土地改良区で優良農地としたものが、農業でない部門で使用されるのは、どうなのかと疑問に思っていた。そのからくりもこの農業委員会の調査にあるようだった。最近では農地の多くがソーラーパネルとなっているのを見ると、これで日本の農業は大丈夫なのかと残念な気がするのだが、高齢化している日本の農業事情ではいかんとも仕方ない現状のようだ。ちなみに現在の日本の食糧自給率は37パーセントである。

現在（２０２０年）コロナウイルスのパンデミックで世界中が混乱の中にあるのを見ると、にわかに新しいナショナリズムが台頭し始めているのを感じる。自国優先で食料を輸出しないということだ。各国が鎖国状態ともなると、自給率が先進国で最下位の日本の状況は本当に心配である。次世代の方々にはよく考えて政策を進めてもらいたいものだ。

その他には、男女共同参画推進委員会への議会推薦委員、土地開発公社の理事、水道審議会委員、社会福祉協議会評議員などで、男女共同参画と社協を除いてはほとんどの会議では女性は私一人であった。やっと私に順番が回ってきた感があったので、やはり議員としては３期目以降でないと本当の意味での仕事はできないのかもしれなかった。

議会基本条例の策定を試みる

また、この議会でも総務委員長を引き受けた。最後のご奉公とばかりに、議会基本条例の策定を試みた。ほとんど私より若い議員の委員会であったので、リーダーシップをとった。大方私がたたき台の案を練ってきて、毎回総務委員会で審議した。前議長の木村議員も委員であったので、彼の熱心さは制定案に大いに役立った。

定例会以外でも毎月のように調査研究し、すでに条例が制定されている神奈川県寒川町にも研修に行った。この寒川町には私が市川房枝記念会での研修でともに学んだ、柳下雅子さんが議員となっていたので、久しぶりの再会を喜んだ。

この条例案はもっと厳しくしたかったのだが、委員5名の議論の末なので、かなり妥協せざるを得なかった。それでも境町なりの良いものができたのではないかと思っている。本来なら行政側で自治基本条例を策定すべきなのだが、これは町長の権限でもあり、若い町長にはその気はないようだったので、とりあえずは議会の基本を明文化することに留めたのだ。

条例案は2017年3月の第1回定例会の、議会本会議で討論され、全会一致で総務委員長の決定のとおり、採択された。広報紙「議会だより」178号（2017年）にその詳細が載っている。

「地域づくりの集い」で橋本昌茨城県知事（当時）と水戸プラザホテルにて 2013年1月10日

ちなみにその表紙の香取神社の枝垂れ桜は私が撮影したものである。毎年観桜会をするほど、見事な枝垂れ桜なのだ。

この条例は議会の基本的な在り方を明文化したもので、すでに行っている議会活動を表現しているものでもある。どこの議会でもこの基本条例で議会運営を行っているはずである。

私が2期目の時、条例制定前の議会報告会では境町中央公民館で総務委員長として、行政改革や、研修視察の報告をした。その時は結構な住民が集まり熱心に聞いていたものだ。また3期目に役場で開催したときも、会場いっぱいの住民が集まり、様々な意見が出た。当時の住民の方は合併問題などもあったことから、議会への関心は高かったようだ。今は何事にも無関心な世相になってしまっているが、私たちの生活に一番身近な議会活動こそ、もっと開かれたものにしていくべきではないかと思う。町長の補完機関としての役割もあるはずなのだから。

残念なことに、私がいなくなってからは、まだ一度も議会報告会が開かれていない。義務ではないが、あれからもう3年の時が流れて、来年（２０２１年）は議員選挙の年でもある。議員の資質を見極める点でも、あるいは議員の資質向上の点からも、開かれた議会を目指すべきではないだろうか。

条例の第6条には「情報公開として、住民と議員との自由な意見交換の場として議会報告会の開催に努めるものとする」とある。

ぜひ一度議会報告会を開催してもらいたいものである。

樋口恵子さんと。筑西市の男女共同参画宣言都市記念式典の後。2011 年 11 月 23 日

2011 年 11 月 20 日　境町役場　男女共同参画推進委員会主催の「女性フォーラム」“男と女ともに輝くつどい”

就任したばかりの橋本正裕新町長と。2014 年 4 月

石井経産大臣（当時）へ圏央道の陳情をする橋本町長と議会議員。2016 年 3 月

中村博美常総市議会副議長を迎えてのお茶こん勉強会。2017 年 2 月

4　幼い頃のたわいない話

１９４１年12月5日私は東京の目黒で生まれた。洋服仕立て業の父橋本菊男は27歳。母はキミ36歳。母は再婚だったので、私は父にとっては初めての子であった。そのせいか、ことのほか可愛がられ、いつも胡座をかいていた父の足の中に抱かれていた記憶がある。その父の髭がざらざらと私に触れる感触は今も思い出す。

我が家にはお風呂がなかったので、五反田の銭湯へよく行った。（今でいうスーパー銭湯の走りみたいで、独特の薬湯があった）その帰りに両親はバーへより、酒を飲んだりしていた。また目黒の権之助坂にもよく行っていて、母に、今でも使えるオニキス様の黒い輝きを持ったネックレスなどを買ってあげていた。私にはとても仲の良い夫婦に思えたが、いつのころからか仲たがいするようになっていた。後に分かったことだが、父が従業員の縫子さんと仲良くなっていたというから母も苦労したに違いない。

小学校の頃は、ともかくはにかみ屋のおとなしい子で、よく母親に「和（カズ）はいるかいないかわからない子だね」といわれていた。この「カズ」という言い方が私は嫌いで、家族に言われるたびに嫌な感じだったのだが、だからといって家族に文句をいうわけもなかった。その言い方が違和感なく受け入れられたのは、かなり後年のことで、サッカーの三浦知良さんが皆からそう呼ばれていると知ってからである。むろんその頃には、父とは疎遠になっていて、兄弟もそれぞれ自分の道を歩んでいた。

私は内気な子で、泣き虫でもあった。低学年の頃は、母が校門まで送ってきてくれて、その母が坂道を上がって帰っていく姿を、教室の窓から心細く見ていたものだ。

4年生の時には学級委員になった。私は、「起立」「礼」「着席」の号令をかけるのが嫌でやめたいと先生に言ったのだが、中年女性の青木先生は「声は小さいけどよく通る声なのだから」と私を励ましてくれた。あの青木先生の指導で少し積極性が出た気がする。

6年になった時、なぜか急に担任が変わり、高木先生がやってきた。わずか一年間の出会いであったが、先生はとてもやさしく、熱心で、ともかく誠実な方であったので、6年2組の児童はみんな好きになっていた。そして卒業した後もクラス会には必ず出席してくださった。

後に知ったことであったが、『五体不満足』の乙武洋匡さんの小学校時代の恩師でもあったというから、本当に素晴らしい方が私の恩師でもあったわけだ。

先生は80歳の大みそかに、庭掃除をし、お風呂に入って休み、翌朝、眠るように亡くなっていたというから、天命を全うしたということだろう。私の人間としての基礎ができたのも先生のおかげである。今は唯、ご冥福をお祈りするばかりだ。

後年、その頃のことを綴った文章が女性誌『マドモアゼル』で賞を取ったので、当時の思いが分かるものとしてここに載せる。

たわいない話

もう10年以上も前の事だろう。私は小学生。父と二人で海へ行ったことがあった。そこはどこの海岸であったか、初めて海を見る私には、はっきりした記憶はない。ただ秋であったのを感じる。

静かな、そして深い、緑色の海であった。少し涼しすぎる風が私と私の手を取ってくれた父の手との間を戯れすぎて、生まれて初めて私はすがすがしさというものを味わったような気がしていた。

私たちは砂浜に腰を下ろしたと思う。それがなぜかわびしく　感じられてならなかったのは、父母の間がうまくいっていなかったためだろうか。それははっきりした記憶ではないけれども、子ども心に私はそんな空気を感じていた。そしてそんな中で、私は一種、おびえたような孤独感とうつろで曖昧な気持ちとで、父と手をつないでいた。

それからたぶん私たちはお弁当を食べたのだ。おにぎりだったろうか。アンパンだったろうか。いや、そんなことよりも、りんごのことを覚えているのだ。

まっかなつやつやしたりんごが、ころころと海へ飛び込むように、転がりだしたのを覚えているのだ。

私があっと叫ぶよりも早く、父はりんごを追いかけていた。ところが私には、その父がまるで海へ向かって走りこむような気がしたのだ。

だから、父が無事にりんごを拾いあげた時、私は思わず「お父ちゃん」と父の手にしがみついていた。

父はなぜ私がそんなふうにしたかも聞こうとしないで、ただ　笑っていた。そして私を、赤ん坊のように、空高く上げてくれた。それがまた怖くて、私は前よりもいっそう強く、父にしがみついたのだった。

それはほんとうに、遠い日の思い出である。今であるなら、そんなことがあっても別に心配はしないだろう。

あの時、私はまだ真に、生というものが分かっていなかったのだろう。父が本当に海へ転がり落ちていくような、そして父を失うことによって、自分も失ってしまうような、そんな気がしていたからだろう。

たわいない話である。


ちなみに中村真一郎氏の評はこうである。「情景がよく描けています。情景と現在との時間的距離が、文章をうまく統一しています。最後の一句が、よくきいています。」

というわけで正直言うと自分というものの意識がまだなく、幼少時の記憶は本当に曖昧なのである。ただ一つ、なぜか、東京空襲時に目黒の家から五反田の目黒川へ、母の背中におぶさりながら逃げた記憶は鮮明に覚えている。その時母が履いていた靴が余所行きの編み上げの黒い革のヒールであったことも。あの時の暗い川の淵で母とその背中の私と、母の妹の背中の弟との記憶が今も離れないのだ。きっと見たこともない景色が脳裏に残ったのだろう。この記憶は唯一の私の戦争体験である。けれどもこれも今では定かでなくなり、わずか3歳の子供が覚えていたとは思えないのである。多分、母が語ったことがそのまま自分の記憶として焼き付いているのだろう。幼いながらただ事でない思いを感じたに違いない。

6年生の時、中高一貫教育の東洋英和女学院を受験した。これは母の教育熱心と、高木先生のアドバイスがあったからと思う。その中学では文芸部に入って創作などに興味を持っていた。そのころの文章がある。

国際社会と日本

（前略）ある新聞に「日本の茶の間、世界の茶の間」という題で「世界政府というのは余りに理想主義であり、国連による平和維持に期待するのが現実的な結論では」とあった。がそのあとに賀川豊彦が「国連自身がその無力さに気づき、各国ともこの強化を図りたいとしており、我々の提唱している世界連邦の思想が反映するものと期待している。これが実現すれば世界中の軍事費が何分の一かに少なくされ、文明の進歩は大いに望まれる。」とあった。しかし人間というものを見るとき、私はその世界政府がいかに困難なことであるか、思わずにはいられない。

（中略）このような中において日本が国際社会と交わるのは極めて難しい。しかし、それは決して理想ではないのだ。国連という機関を通し、世界平和への道を踏むことができるのだ。

我々はもっと深く政治を考え、自分の意見を持ち、より良い政治家を国会へ送り、世界へ送り、本当の民主的国家を作るために、個人個人が努力し、協力しなければならないのだ。

と結構分かったようなことを言っているのは思春期にありがちな生意気というものかもしれない。


ミッションスクールであった東洋英和では必ずキリスト教の時間があった。そのためか物事を深く考えるようになった。特に学校の牧師さんとは洗礼を受けるかどうかで、かなり議論したことを覚えている。私には神の存在は信じられなかったからだ。その時の牧師さんはそんな理屈っぽかった私を寛容に受け入れてくれたので、私は受洗しなかった。

当時の文章があった。稚拙な表現はそのままである。

ある日

いつの日だったか、夜の9時頃だった。何気なく通りかかったところのテレビに、意外なことを見た。見出しは覚えていないが、なんでも岸首相の反省を求めて、ある禅修行者が自殺したそうだ。私は興味をもってしばらく見ていたのだが、その時は別に何も感じなかった。（中略）だがそのちょっとした事件を私は翌日まで忘れることができなかった。私は新聞に何か載っているだろうと思って捜した。だがそれらしい事件は何もなかった。私はある冷たいものを感じた。何故新聞に載らないのか、少なくとも首相が原因の事件なのだ。当然何か載るべきではないか。（中略）

そして私は思った。世間ではああしたことは吹聴しないのだと。そこに私は矛盾と虚偽を見るのだ。映画とか週刊誌の広告は載せても、ああした事件は載せない。それは何故なのか。もちろん自殺した人に同情し、その行為が無になったことを嘆こうとは思わない。ああした行動はむしろ考慮の余地がある。死ぬ気なら、生きて闘うことが人生なのだから。しかし私は思う。何故ああしなければならなかったのかと。そこに何かがあるはずだ。それを追求することは不正であろうか。（後略）

高校時の作文であったようで、赤ペンで先生の評に「社会批評の一つの見方として面白い」とある。

その高校の頃、家では両親の離婚問題が進行していて、弟と二人で、家庭裁判所へ呼び出されたことがあった。行政官に「両親が別れてもいいのか」という問いかけに「喧嘩ばかりしているのを見るくらいなら別れてもいい」という意味のことを二人はいった。そのあと二人で喫茶店で泣いたことが今も思い出される。

そんなこともあって、私は無口でニヒルで、生意気な少女であったと思う。そんな私の唯一の救いは、近くの麻布高校の生徒たちと文芸サークルを立ち上げ、参加したことかもしれない。文学少女であった私が、友人のIさんと参加したそのグループは同人誌『活火山』を発行していた。そのための創作活動が私の唯一の生きがいとなっていた。いわば現実逃避であったかもしれない。家庭での複雑な思いも彼らとおしゃべりしていく中で、消えていった。

また、男子学生との何でもありの議論は、哲学的な思いも議論しあったりして、女子との交流にはない、未知のものがあり楽しいものであった。行きつけの渋谷の喫茶店で開催される同人誌『活火山』の編集会議は一杯のコーヒーで2、3時間もおしゃべりしているのだから、若い時のエネルギーは半端でない。

あの時が私にとっての本当の青春であった気がする。

5　心残り

男女共同参画推進条例の制定をめざして

最後に心残りが一つある。それは真の男女平等を構築するための男女共同参画推進条例を制定できなかったことである。

この男女共同参画（公的な言い方ではあるが、正しくはジェンダー平等社会である）こそは、私が政治参加する最優先の目的であった。このテーマを実現させていくのが私のミッションなのだ。だから最初の議会で、男女共同参画の係設置が実現したことは、私にとってはその第一歩として本当に喜ばしいことであった。やっと自分のテーマが具現化されると感じたものだ。その後、幾度となくこの男女共同参画問題は一般質問の題材としてとりあげた。条例についても幾度か質問している。そのたびに町としては検討するという回答であり、制定が必要なことという認識はあるものの、ほかの施策ほどの必要性は感じていないようであった。

４期目に入った時、年齢的にこれが最後の任期と自分では考えていたので、なんとしても男女共同参画をもう少し前へ進ませたいと思った。それにはどうしても男女共同参画条例を策定することにあると私は感じていた。そこで、２０１３（平成25年）３月議会で自治基本条例とともに男女共同参画推進条例、および障害者権利条例等の各種条例策定について質問した。

当時は野村康雄町長、橋本正裕議長で、私が副議長の時であった。通常、副議長は慣例としては一般質問をしないものだったが、私はそのような慣習は無視した。どうしてもこの問題だけは質問しなければと思っていたのだ。

その時の質問はこうだ。（議事録から抜粋）

（前略）男女共同参画推進条例というのは、いわゆる男女平等が社会的慣習や性別役割分担意識などで妨げられている現状を質していくもので、１９９９年年6月、国が制定しました男女共同参画社会基本法に則って各自治体で策定しているものです。この中で、今問題になっているセクハラ、パワハラ、ＤＶなどの対策など、女性の権利は勿論、男性の権利も守られるというものです。


そして町の取り組み状況を聞いた。

回答としては

男女共同参画推進条例につきましては今回の第5次境町総合計画の基本計画におきまして、男女共同参画社会において町が目指すべき基本理念及び施策の基本条項を定める男女共同参画推進条例の制定に努めるべく施策の方針に位置付けておりますことから、今後各種団体等のご意見を踏まえながら条例制定に向けた検討を具体的に進めてまいりたいと、このように考えておるところでございます。

とこれは副町長が答えている。

その年の9月議会で、私はもう一度この条例づくりを質問した。

私は条例の必要性、そのもとで細則を決め進んでいく旨を訴え、茨城県の半分以上の自治体ですでに策定している男女共同参画推進条例を策定すべきではないかと畳み込み、そのことに対しての町長の考えを求めた。

野村康雄町長は以下のように答えている。

私は男女共同参画というのは、もう今既に社会の中でそうあるべき姿であってほしいと思っています。現実にそうだと思うのです。（中略）なんでも法律で決めて、こうするというのは余り感心しないのです。（中略）こうしなくてはだめですよと法律や条例で縛ってやることが、果たして本当の男女共同参加なのかというと若干疑問に思うところがあるわけですが、ただそういう流れでありますから、そういうものを作ってよくなるのであれば、それはそれなりに設置していくべきであろうと、こう思っておりますので、よろしくご理解をいただきたいと存じます。

と答えている。

そこでさらに私は条例の必要性を訴えるのだが、なかなか質問と答えはかみ合わなかった。私は町長との考えの相違に失望するしかなかった。

担当の町おこし推進室長は男女共同参画推進委員会の中で研究していきたい旨回答している。こちらも紋切り型で、私の心には響かなかった。

このかみ合わない不毛の議論を経て、私はこれ以上の質問は控え、成り行きに任せようと考えていたが、その翌年（平成26年）の3月に新町長の当選が決まり、議長であった橋本正裕さんが新町長となったので、私はまたもやこの問題を新町長へ質問することになる。

2014年（平成26年）2月8日に無投票当選が決まり、3月4日に初登庁となった橋本正裕新町長は大勢の支援者に見守られながら、町長室へ入っていった。そのあと町長を応援した議員や支援者が続いた。その中には元町長橋本正士さんのお連れ合い、つまり正裕さんの祖母もいた。正士さんは自分が設計した新庁舎にはとうとう入れずに他界してしまったので、お連れ合いの心中はいかにと、カンポの旅行でご一緒した私は思いをめぐらしていた。正裕さんにとっても、新庁舎建設時には役場の職員であったのだから、わずか10数年で自分が祖父の跡を継いで町長になれた思いはひとしおであったのではないかと思う。誠にドラマティックな出来事であった。私もこのドラマには支援者となって選挙時から応援し、協力していたので、その意味では印象深いセレモニーとなった。

その新町長へ一番バッターとして一般質問できたことはなんともラッキーなことで、

橋本正士町長時代に議員となった私にとっても、感慨深いことであった。正士さんに一般質問し、今また孫の正裕さんに質問できるのだから、結構な年配になったということでもあったのだ。こういう邂逅をなんというのか。以下議事録から抜粋する。

（前略）まずもって無投票ではありましたが、新町長になられました橋本正裕氏には心からお祝い申し上げます。私は常日頃世の中を変えていけるのは女性と若者だと言っております。その意味で若者の代表ともいえる38歳の町長が誕生されたということは、大いに喜ばしいことと感じております。住民の多くは大変な期待感をもって歓迎しております。思えば平成11年に初めて議会へ上がった時の町長はおじいさまの橋本正士氏でした。初めての一般質問で男女共同参画係設置の要望をしましたところ、すぐに設置してくださいました。15年も前のことですので、当時としては茨城県では先進的なことで、さすがリーダーにふさわしく、先見の明がおありだなと感じたものでした。そのお孫さんが町長になられたかと思うと時の流れに感慨深いものがあります。ぜひこれからの境町を若さと勇気そしてやる気で私利私欲なく盛り上げていっていただきたいと思います。町長の所信表明では、住民参加の協働のまちづくりを旨とするといわれていますので、その言葉通り真に住民本位の未来を見据えたページをお願いいたします。（中略）

2項目目は条例制定についてです。自治基本条例や男女共同参画条例など策定するべきと考えるがその後どうなっているのかということです。この問題は昨年の9

月議会で自治基本条例については素案を策定中と聞き、男女共同参画条例については研究するというお答えでしたが、その後どうなっているのかお聞きいたします。

この回答はほかの質問とともに総務部長が答えている。

町と町民が協働で男女共同参画を推進することが重要であるとの考えのもと、県内ではすでに半数以上の25自治体で制定しております。この条例の制定につきましでも自治基本条例と同様内部の委員会を立ち上げ、その必要性を十分協議し、第3次さかい男女共同参画プランの策定と合わせまして男女共同参画推進委員会での作業を進めてまいりたいと考えておりますので、ご理解のほどよろしくお願いを申し上げたいと思います。

というもので、それに対して私は再度質問した。

（自治基本条例も含めて）進んでいるとは思いますが、明確にいつまでというものは、ちょっと提示されなかったかなと思いますので、私も何回か言っておりますので、できましたら26年度中ぐらいには策定の方向にお願いしたいと思うのですが、その辺はどうでしょうか。もちろん男女共同参画条例においても同じですけれど、その男女共同参画の条例に関しても、私は再三再四申し上げておりまして、前町長さんともいろいろと議論したと思いますけれども、なかなか真のところでちょっと理解していただけなかったかなという思いがいたしますので、若い町長さんでいらっしゃれば、その辺のところはもうすでに当たり前の世の中になっているわけですから、ご理解もあるのではないかなという思いでお聞きいたしますので、この二つの条例につきまして、明確な時期がもし言えればお願いいたします。

そこでやっと町長の答弁があった。

それでは内海議員さんのご質問にお答えをしたいと思います。今明確な時期というのがありましたが、私はこう考えております。やはり自治基本条例というのは町の法律なのです。町の法律であり、町がどのような町を目指すかというものが自治基本条例なのですよね。（中略・自治基本条例についての各地の取り組みを言う。）それと先ほどの男女共同参画条例、推進条例、これは本当に皆さんのご家庭でも、奥様が強いとか、やはり男女共同参画が私は進んでいると思っております。ですがやはり管理職を見たりとか、議員さんを見たりとかいったときには女性が少ない。これは社会的いまの日本のやはり奥ゆかしいと、やはりすてきな部分がありますよね。昔からね。そういう部分がやはりあって、文化があって、なかなか進んでいないというのも現状ではあると思います。ですので44市町村のうち25が制定されているわけですよね。やはり私は制定をするべきだとは思っております。ですがこれもただ作るのではなくて、やはり中身をもう少し精査して、やはり素晴らしいものが出来上がればいいなと思っているものですから、そういう部分は、内海議員さん随分勉強されているでしょうから、アドバイスをいただきながら努力していきたいと思っておりますので、それでよろしいでしょうか。期限というよりは、やはり中身を作らないということではなくて、もう前向きにもう少し勉強してもうすこし精査をして、町のためになるものをできればなと思っているものですから、そういうことでご理解を頂ければいいかなと。期限でいえば2年以内には、長くともです。長くとも2年以内にはもう結果が出ているような、本当に今年度できれば、来年度ですね、4月からの新年度できればいいですけれども、その辺はやはりもう少し調査をして、しっかりとしたものを提案していきたいな。作っただけでは意味がないと思っていますので、その辺をご理解いただきたいと思いますので、よろしくお願いしたいと思います。

町長としては精いっぱいの答えであったとは思うので、私も幾分満足し、再質問時には、

（中略）町長のおっしゃることももっともだなと思いますので、本当に遅くとも2年以内に、少なくとも私の任期内にお願いしたいと思います。

とその場はそれで収めた。

その後も6月議会の一般質問で、「男女共同参画を進めていくには女性室とか課を設置し、推進委員会の予算も増やしてほしい」旨質問し、次の機構改革では、人権・協働ハーモニー課となり、予算も幾分増えた。こうした策がすんなり通っていくことは今までになかったことであったので、私は明るい兆しを感じていた。やはり世代が違うとこうも柔軟なのかと感じたものだ。町長選の時、いち早く橋本さんを支持した効果は大きかったのかもしれない。

そんなわけで条例案は推進委員会の中で審議することになった。

私に言わせると、この問題は10年以上温めているテーマでもあったので、町長のお墨付きもいただいたことだし、条例案の素案まで作成して、男女共同参画推進委員会に臨んだのだが、これがその当時の委員長の一言でひっくり返ってしまった。

その委員長とは自宅で密に話し合ったものだ。

彼女は生え抜きの境町生まれで、元教員であったので話は上手であった。地域の神主の家に育った彼女は自分が女性として差別された記憶はないといい、特別に困っていないのだと言うではないか。それでも私の条例案からいろいろと学ばせてもらったと付け加えた。それでも「この町ではまだ早いと思うよ」と言い、最終的には「私の考えが境町なのよ」と保守的な町でいいのだといわんばかりであった。いくら時間をかけて「そういう問題ではない、これからの女性たちのためでもあるのよ」と言っても今のままで困らないのだと言う。そして挙句の果て、「このままなら私は条例制定に反対します」と言うではないか。私はその言葉に唖然としてしまった。なぜなら、彼女は私と同じくらいの年月、推進委員としてかかわっていたからだ。その時委員長となったのも、前任の男性の委員長のもと、彼女が副委員長であったからで、彼女も長く委員をしていたので男女共同参画には精通しているものと思っていたからだ。それにこの女性の問題に関しては、女性の委員長の方が好ましいと私は考えていたということもある。その時期、私は議会からの宛て職で参加していたので、私が委員長を受ける訳にはいかなかった。男女共同参画推進委員会に長年在籍しているにもかかわらず、彼女が最終的に言ったのは「私が境町なのよ」ということであった。

この生え抜きの女性にこう言われてはよそ者の私には何も言えなかった。ただ「長年参画していて、何を学んでいたの」という意味のことは言った。しかしその意味も分かっていないようだった。要するに「何も変えたくない、今のままで何も困らない」と言うのだ。それは結局男の役割、女の役割を持ったうえでの男女平等という考えで、今までの男性方の考えと何ら変わらないのだ。それでは女性たちの生きにくさを解決する道は閉ざされる。私はそれ以上議論する気にもなれず、論破する気力も萎えてしまった。

それでも条例づくりの工程や、その必要性を推進委員会で、行政側は説明してくれて、私も私が考えた条例案の説明をした。だが相変わらずの前委員長の「ここは境町よ」という態度は彼女ばかりでなく、大方の行政から任命されたあて職の委員たちも彼女の言い分には同意のようだった。

そんなわけで、男女共同参画条例に関しては、現在の橋本正裕町長が明言した年度をはるかに超えているにもかかわらず、今だに成立していない。２０２０（令和２）年の現在、町長の約束時からはもう5年の時が過ぎている。町長は委員会の中で条例制定への機運を高めることだというが、委員会のメンバーは先にも述べたようにほとんどはあて職である。毎年のように変わる。公募で入っている数人の方もいるにはいるが、本当に男女共同参画を理解して認識している方ばかりではないのだ。

それでもその後、幾度か、委員会の毎年の事業計画の中に条例づくりの案を私はいまだに提案している。

この男女共同参画条例の制定こそが私の議員としての集大成にしたかっただけに、かえすがえすも残念である。

私にとってのこの町は、夫と知り合って偶然に住んだ町である。この超保守的な町に、都会育ちの私が半世紀の時を刻むなどとは思いもしなかった！　あの内気で、泣き虫であった少女が、よくぞ適応したものだ。そして初めての女性議員となれたことは、まさに奇跡だった！　と思う。

この奇跡が再びこの町に起こることを期待して、明日の境町の行方を、生きている限り見守っていきたい。

あとがき

この手記は私の人生の一部である。57歳で44年ぶりに境町でただ一人の女性議員となったときからの、4期15年の悲喜こもごもの思いである。事実に基づく記録でもあるので、議員の皆様には実名で書かせてもらったが、何分にも消えかかる記憶の中から拾い上げたものなので、もし記憶違いのところがあったらお許しいただきたい。
女性一人ということでは良いところも悪いところもあったと思うが、もともとは「情けの境」と言われた地域である。一人会派でいられたのも、議員各位の寛容な精神のおかげかもしれない。

今、境町は若きリーダーのもと、人口増をめざす施策として子育て支援策をはじめ、建築家隈研吾氏によるレストラン、美術館などの6施設の整備、米ハワイ州ホノルル市との友好都市協定締結などを推し進めている。ここ数年で将来負担率の削減も進み、町は活気にあふれている。この繁栄が住民自治のもと、住民の幸せにつながっていくことを願い、未来の境町の安寧を望むものである。

私のこの体験が、これからの境町議会議員を志す方々にとって、とりわけ女性の方々にとって、何らかの指針になれば幸いである。

そしていつか、ジェンダー平等社会の実現への道を拓く人が出てくれることを祈る。むろん私が積み残した真の男女平等の施策を引き継いでくれる議会議員が現れることを祈っている。

最後に、私を育ててくれた境町住民の皆さま、とくに初めての選挙の時から賛同し、惜しまぬ協力をしてくださった、なかまの会の皆さまにはこの場を借りて、心より感謝とお礼を申し上げる。

そして半世紀の時を、つつがなく過ごせた自然豊かなこの境町へも感謝とともに更なるエールを送りたい。

この本の出版に当たり、編集にもかかわり私の背中を押してくれた水曜会の宮﨑黎子さん、ありがとう。感謝申し上げる。

そして一冊の本に仕上げてくださった、梨の木舎の羽田ゆみ子さんに心より感謝とお礼を申し上げる。

内海　和子

２０２０年11月

内海和子（うちうみ　かずこ）
1941 年　東京品川区生まれ　射手座
1959 年　東洋英和女学院高等部卒業
1970 年　結婚して境町に移住
1982 ～ 89 年　境町交通安全母の会支部会長
1989 年　ライフ・ステップ・サークル（後のなかまの会）主宰
1990 ～ 95 年　ミニコミ紙「アモルファス」発行
1991 年 4 月～現在　境町男女共同参画推進委員会委員
1995 年　境町議会議員一般選挙に出馬・落選
1996 ～ 99 年　議会傍聴報告「傍聴席」発行
1996 年～現在　猿島地区更生保護女性会境支部会員
1997 年 4 月～現在　市民オンブズマンいばらき会員
1999 年　境町議会議員一般選挙に再度出馬・初当選
1999 年　9 月 16 日～ 03 年 9 月 15 日　境町議会議員一期目
1999 年　10 月～ 17 年 5 月　議会報告紙「きりどおし」発行
2003 年　9 月 16 日～ 05 年 5 月 29 日　境町議会議員二期目
2009 年　7 月 3 日～ 13 年 7 月 2 日　境町議会議員三期目
2012 年　3 月 6 日～ 13 年　第 34 代境町議会副議長
2013 年　7 月 3 日～ 17 年 7 月 2 日　境町議会議員四期目
2017 年　7 月任期満了で退任

ラブコールさかい　女に議員はムリですか?
――境町初の女性議員の体験をあなたにつなぐ

2021 年 3 月 15 日　　初版発行

著　者：　内海和子
装　丁：　宮部浩司
発行者：　羽田ゆみ子
発行所：　梨の木舎
〒101-0061 東京都千代田区神田三崎町2-2-12 エコービル 1階
TEL.　03(6256)9517　FAX.　03(6256)9518
Eメール　info@nashinoki-sha.com
http://nashinoki-sha.com
ＤＴＰ：　具羅夢
印　刷：　㈱厚徳社

34. いちじくの木がたおれぼくの村が消えた一クルドの少年の物語	ジャミル・シェイクリー著	1340円	
35. 日本近代史の地下水脈をさぐる 一信州・上田自由大学への系譜	小林利通著	3000円	
36. 日本と韓国の歴史教科書を読む視点	日本歴史教育研究会編	2700円	品切
37. ぼくたちは10歳から大人だった 一オランダ人少年抑留と日本文化	ハンス・ラウレンツ・ズヴィッツァー著	5000円	
38. 女と男　のびやかに歩きだすために	彦坂諦著	2500円	
39. 世界の動きの中でよむ　日本の歴史教科書問題	三宅明正著	1700円	
40. アメリカの教科書に書かれた日本の戦争	越田稜著	3500円	
41. 無能だって？それがどうした?! 一能力の名による差別の社会を生きるあなたに	彦坂諦著	1500円	
42. 中国撫順戦犯管理所職員の証言一写真家新井利男の遺した仕事	新井利男資料保存会編	3500円	
43. バターン　遠い道のりのさきに	レスター・I.テニー著	2700円	
44. 日本と韓国の歴史共通教材をつくる視点	歴史教育研究会編	3000円	品切
45. 憲法9条と専守防衛	箕輪登・内田雅敏著	1400円	
47. アメリカの化学戦争犯罪	北村元著	3500円	
48. 靖国へは行かない。戦争にも行かない	内田雅敏著	1700円	
49. わたしは誰の子	葉子・ハュス-綿貫著	1800円	
50. 朝鮮近代史を駆けぬけた女性たち３２人	呉香淑著	2300円	
51. 有事法制下の靖国神社	西川重則著	2000円	
52. わたしは、とても美しい場所に住んでいます	基地にNO！アジア・女たちの会編	1000円	
53. 歴史教育と歴史学の協働をめざして 一ゆれる境界・国家・地域にどう向きあうか	坂井俊樹・浪川健治編著	3500円	
54. アボジが帰るその日まで	李熙子・竹見智恵子著	1500円	
55. それでもぼくは生きぬいた 一日本軍の捕虜になったイギリス兵の物語	シャーウィン裕子著	1600円	
56. 次世代に語りつぐ生体解剖の記憶 一 元軍医湯浅さんの戦後	小林節子著	1700円	
57. クワイ河に虹をかけた男一元陸軍通訳永瀬隆の戦後	満田康弘著	1700円	
58. ここがロードス島だ、ここで跳べ、	内田雅敏著	2200円	
59. 少女たちへのプロパガンダ 一「少女倶楽部」とアジア太平洋戦	長谷川潮著	1500円	
60. 花に水をやってくれないかい？ 一 日本軍「慰安婦」にされたファン・クムジュの物語	イ・ギュヒ著/ 保田千世訳	1500円	
61. 犠牲の死を問う一日本・韓国・インドネシア	高橋哲哉・李泳采・村井吉敬 / コーディネーター内海愛子	1600円	
62. ビデオ・メッセージでむすぶアジアと日本 ――わたしがやってきた戦争のつたえ方	神直子著	1700円	
63. 朝鮮東学農民戦争を知っていますか? ――立ちあがった人びとの物語	宋基淑著 / 中村修訳	2800円	
64. 韓国人元BC級戦犯の訴え――何のために、誰のために	李鶴来著　解説 内海愛子	1700円	
65. 2015年安保、総がかり行動 一大勢の市民、学生もママたちも学者も街に出た	高田健著	1800円	
66. 歴史を学び、今を考える ――戦争そして戦後	内海愛子・加藤陽子 著	1500円	
67. ラケットはつくれない、もうつくれない ――戦時下、下町職人の記憶	青海美砂 著 五十嵐志朗 画	2000円	
68. 過去から学び、現在に橋をかける ――日朝をつなぐ35人、歴史家・作家・アーティスト	朴日粉 著	1800円	

●シリーズ・教科書に書かれなかった戦争——既刊本の紹介● 20.46.欠番 価格は本体表記(税抜)

1.	教科書に書かれなかった戦争	アジアの女たちの会編	1650円	
2.	増補版 アジアからみた「大東亜共栄圏」	内海愛子・田辺寿夫編著	2400円	
3.	ぼくらはアジアで戦争をした	内海愛子編	1650円	
4.	生きて再び逢ふ日のありや一私の「昭和百人一首」	高崎隆治撰	1500円	在庫僅少
5.	増補版 天皇の神社「靖国」	西川重則著	2000円	在庫僅少
6.	先生、忘れないで!	陳野守正著	2000円	
7.	改訂版 アジアの教科書に書かれた日本の戦争一東アジア編	越田稜編著	2200円	
8.	増補版 アジアの教科書に書かれた日本の戦争一東南アジア編	越田稜編著	2500円	
9.	語られなかったアジアの戦後一日本の敗戦・アジアの独立・賠償	内海愛子・田辺寿夫編著	3107円	品切
10.	増補版 アジアの新聞が報じた自衛隊の『海外派兵」と永野発言・桜井発言	中村ふじゑ他翻訳・解説	2700円	
11.	川柳にみる戦時下の世相	高崎隆治選著	1825円	
12.	満州に送られた女たち大陸の花嫁	陳野守正著	2000円	品切
13.	増補版 朝鮮・韓国は日本の教科書にどう書かれているか	君島和彦・坂井俊樹編著	2700円	在庫僅少
14.	「陣中日誌」に書かれた慰安所と毒ガス	高崎隆治著	2000円	
15.	ヨーロッパの教科書に書かれた日本の戦争	越田稜編著	3000円	
16.	大学生が戦争を追った一山田耕筰さん,あなたたちに戦争責任はないのですか	森脇佐喜子著・解説高崎隆治・推薦内海愛子	1650円	
17.	100冊が語る「慰安所」・男のホンネ	高崎隆治編著		品切
18.	子どもの本から「戦争とアジア」がみえる一みんなに読んでほしい300冊	長谷川潮・きどのりこ編著	2500円	
19.	日本と中国-若者たちの歴史認識	日高六郎編	2400円	品切
21.	中国人に助けられたおばあちゃんの手からうけつぐもの	北崎可代著	1700円	
22.	新装増補版・文玉珠-ビルマ戦線楯師団の「慰安婦」だつた私	語り・文玉珠/構成と解説森川万智子	2000円	
23.	ジャワで抑留されたオランダ人女性の記録	ネル・ファン・デ・グラーフ著	2000円	
24.	ジャワ・オランダ人少年抑留所	内海愛子他著	2000円	
25.	忘れられた人びと一日本軍に抑留された女たち・子どもたち	S・F・ヒュ-イ著・内海愛子解説	3000円	
26.	日本は植民地支配をどう考えてきたか	和田春樹・石坂浩一編	2200円	
27.	「日本軍慰安婦」をどう教えるか	石出法太・金富子・林博史編	1500円	
28.	世界の子どもの本から「核と戦争」がみえる	長谷川潮・きどのりこ編著	2800円	
29.	歴史からかくされた朝鮮人満州開拓団と義勇軍	陳野守正著	2000円	
30.	改訂版 ヨーロッパがみた日本・アジア・アフリカーフランス植民地主義というプリズムをとおして	海原峻著	3200円	
31.	戦争児童文学は真実をつたえてきたか	長谷川潮著	2200円	
32.	オビンの伝言一タイヤルの森をゆるがせた台湾・霧社事件	中村ふじゑ著	2200円	
33.	ヨーロッパ浸透の波紋	海原峻著	2500円	

教科書に書かれなかった戦争

㊱歴史を学び、今を考える ――戦争そして戦後

内海愛子・加藤陽子 著　　A5判／160頁／定価1500円＋税

◉目次　1部　歴史を学び、今を考える／それでも日本人は「戦争」を選ぶのか? 加藤陽子／日本の戦後―少数者の視点から　内海愛子／2部　質問にこたえて／●「国家は想像を越える形で国民に迫ってくる場合があります」加藤陽子／「戦争も歴史も身近な出来事から考えていくことで社会の仕組みが見えてきます」内海愛子●大きな揺れの時代に、いま私たちは生きている。いったいどこに向かって進んでいるのか。被害と加害、協力と抵抗の歴史を振り返りながら、キーパーソンのお二人が語る。●時代を読みとるための巻末資料を豊富につけた。特に「賠償一覧年表　戸籍・国籍の歴史……人民の国民化」は実にユニークです。

978-4-8166-1703-4

㊳過去から学び、現在に橋をかける
――日朝をつなぐ35人、歴史家・作家・アーティスト

朴日粉 著

A5判／194頁／定価1800円＋税

「いま発言しないで、いつ発言するのか」――辺見庸

斎藤美奈子・三浦綾子・岡部伊都子・吉武輝子・松井やより・平山郁夫・上田正昭・斎藤忠・網野義彦・江上波夫・大塚初重・石川逸子・多田富雄・若桑みどり・丸木俊・海老名香葉子・清水澄子・安江良介・黒田清・石川文洋・岩橋崇至・小田実・中塚明・山田昭次・三國連太郎・久野忠治・宇都宮徳馬・山田洋次・高橋良蔵・辻井喬・渡辺淳一

978-4-8166-1802-4

㊴画家たちの戦争責任
――藤田嗣治の「アッツ島玉砕」をとおして考える

北村小夜 著

A5判／140頁／定価1700円＋税

作戦記録画は、軍が画家に依頼して描かせた。画材も配給された。引き受けない画家もいた。1943年のアッツ島玉砕の後、藤田の「アッツ島玉砕」は、国民総力決戦美術展に出品され全国を巡回した。東京の入場者は15万人、著者もその一人で、絵の前で仇討ちを誓ったのだった。

◉目次　1 戦争画のゆくえ　2 そのころの子どもは、親より教師より熱心に戦争をした　3 戦争画を一挙公開し、議論をすすめよう！

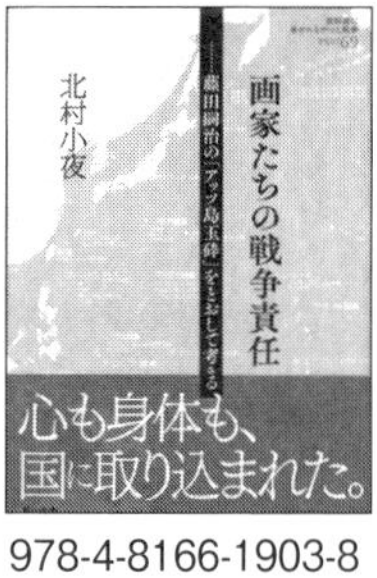

978-4-8166-1903-8

しゃべり尽くそう！ 私たちの新フェミニズム

望月衣塑子・伊藤詩織・三浦まり・平井美津子・猿田佐世 著

四六判／190頁／定価1500円＋税

◉目次　言葉にできない苦しみを、伝えていくということ・伊藤詩織／女性＝アウトサイダーが入ると変革が生まれる――女性議員を増やそう・三浦まり／「先生、政治活動って悪いことなん?」子どもたちは、自分で考えはじめている――慰安婦」問題を教え続けて・平井美津子／自発的対米従属の現状をかえるために、オルタナティブな声をどう発信するか――軍事・経済・原発・対アジア関係、すべてが変わる・猿田佐世

978-4-8166-1805-5